PROLOGUE DE L'AUTEUR

Qui a mis par écrit le Calendrier des Bergers.

UN Berger gardant des brebis aux champs, & n'étoit nullement éclairé, ni n'avoit aucune connoissance des Ecritures; mais seulement par son grand sens naturel & bon entendement, disoit: Quoique vivre & mourir dépend entierement de Dieu, l'homme doit pourtant naturellement vivre jusqu'à LXXII ans ou plus, & disoit en cette maniere par ces raisons. Autant de temps que l'homme est à venir en sa force, vigueur & beauté, autant en doit-il mettre par raison pour envieillir, affoiblir, tourner à néant; mais le terme de croître & venir l'homme en beauté, en grandeur, force & vigueur est l'âge de XXXVI ans, il en doit être autant à décliner; s'il vit âge d'homme; ainsi c'est LXXII ans qu'il doit vivre selon le cours de la nature, s'il n'y arrive point d'inconvénient. Ceux qui meurent devant ce terme, souvent c'est par violence & outrage fait à leur complexion & nature; mais il y en a qui vivent plus long-temps par leur bon régime. A ce propos de vivre & de mourir, disoit ce Berger que la chose qu'il désiroit le plus au monde étoit de longuement vivre, & celle qu'il craignoit le plus étoit de tôt mourir: c'est pourquoi il mettoit son entendement & la cure de savoir & faire choses possibles & requises pour vivre longuement, sainement & joyeusement que ce présent Compôt & Calendrier des Bergers enseigne & apprend. Il disoit aussi que son desir de vivre longuement étoit en son ame, laquelle toujours durera, c'est pourquoi il désiroit que cela fût accompli après sa mort, comme dit est; puisque l'ame ne meurt point, & en elle est le desir de vivre longuement, elle seroit de son desir frustrée si après la mort de ce monde ne vivoit ainsi, ou il n'auroit point ce qu'il a désiré: C'est-à-savoir vivre longuement, & demeureroit en peine sans fin, quand il n'auroit son desir accompli, si concluoit ce Berger choses nécessaires pour lui & pour d'autres; c'est-à-savoir, faire ce qui appartient pour vivre après la mort comme devant & mieux quand on sait, & à la vie de ce monde, & véquît cent ans & plus ne vivroit pas longuement proprement; mais seroit longuement celui à qui la fin de cette vie mortelle seroit un commencement de cette vie éternelle. Si on le forçoit de vivre au monde vertueusement pour après la mort corporelle vivre perdurablement, car comme il disoit, lors on vivra sans jamais mourir, quand on aura la vie perdurable, & pour lors sera parfait & accompli le desir de longuement vivre. Ainsi le Berger connoissoit que la vie du monde est tôt passée, & que supposé qu'elle soit grande pour celui qui vivroit soixante & douze ans ou plus, & si elle est petite en comparaison de la vie qui durera toujours & ne finira point, à laquelle espéroit parvenir, pour laquelle chose vivoit tellement sobre des petits biens temporels que Dieu lui avoit donné.

Ici finit le Berger par un Prologue contenant la division de son Compôt & Calendrier.

ON peut aussi savoir & connoître par les douze mois de l'an, par les quatre Saisons qui y sont, c'est-à-savoir, le printemps; l'Esté, l'Automne & l'Hiver, que l'homme doit vivre naturellement soixante & douze ans.

Nous Bergers, disons que l'âge de l'homme de soixante & douze ans est comme un seul an, comprenant toujours six ans par chacun mois de l'an; car comme l'an se change en douze manieres diverses par ces douze mois, ainsi l'homme se change en son âge pareillement de six ans en six ans, jusqu'à douze fois, qui font justement soixante & douze ans qu'il peut vivre par le cours de nature. Or qui le veut connoître par les quatre Saisons, doit savoir que l'âge de l'homme de soixante & douze ans est divisé en quatre parties, lesquelles sont, Jeunesse, Force, Sagesse & Vieillesse, sont chacune partie de dix-huit ans, qui toutes ensemble font soixante & douze ans, & se rapportent aux quatre Saisons de l'an par leurs convenances & similitudes; c'est-à-savoir, Jeunesse plaisante au Printemps gracieux; Force valeureuse à l'Esté chaleureux; Sagesse qui est profitable à l'Automne plantureux; Vieillesse débile à l'Hiver froidureux.

Ainsi soit que les douze mois de l'an, ou par les quatre Saisons appert que l'âge de l'homme, qui est de soixante & douze ans, semblable sans comparaison à un seul contant six ans à un mois, ou dix-huit à une des Saisons de l'année, dont chacunes à trois mois. Le Printemps a Mars, Avril & Mai. L'Esté, Juin, Juillet & Août. L'Automne, Sep-

LE GRAND CALENDRIER *ET COMPOST* DES BERGERS,

COMPOSÉ PAR LE BERGER DE LA GRANDE MONTAGNE, avec le Compôt naturel reformé ſelon le retranchement des dix jours, par le Pape Grégoire III, enſemble la maniere comme ſe doit gouverner le Berger pour empêcher qu'aucuns Sorciers ne faſſent mourir leurs troupeaux, avec toutes choſes néceſſaires pour ſe regler en leur Art.

A TROYES, Chez JEAN-A. GARNIER, Imp. Lib. rue du Temple.

Avec Permiſſion.

SONNET AU LECTEUR.

Le grand Berger de la haute Montagne,
Vrai Défenseur & Patron des pécheurs,
Son Saint Esprit donna aux pécheurs,
Pour publier par la Ville & Campagne.

Son Testament à toute race humaine,
Pour accomplir dont tous exécuteurs,
Sont tenus être, & sur tout les prêcheurs,
Et vrais Bergers qui ont la laine.

Ainsi donna jadis à ce Berger,
Compositeur de ce beau Calendrier,
Plume & Esprit pour le mettre en lumiere.

Ami Lecteur, nous l'avons reformé,
Pour les dix jours, & le tout renfermé,
Au Calendrier du bon Pape Grégoire.

tembre, Octobre & Novembre. L'Hiver, Décembre, Janvier & Février.

C'est pourquoi venons à propos de montrer comment selon les douze mois, l'homme se change en son temps douze fois, & prenons premierement six ans pour Janvier, lequel n'a chaleur, vertu, ni vigueur; c'est pourquoi en lui nuls biens ne croît, la terre ne fait aucun profit de valeur, ainsi l'homme après qu'il est né, les six premiers ans est comme impotent, sans force, sans vertu ni science pour le savoir régir ni gouverner, ni faire chose qui profite; mais après vient Février que le temps commence à s'échauffer, les jours croissent & la terre renverdit, auquel mois vers la fin & plus avant commence le Printemps doux & plaisant. Ainsi l'homme dans ces autres six ans commence à devenir grand, & à se connoître, il devient doux, obéissant & plaisant pour servir, & lors il a douze ans. Lors nous venons en Mars auquel on laboure & on seme la terre, on plante des arbres, on fait des édifices; car telle chose est propre à faire en ce temps: Ainsi l'homme ayant encore six ans, est disposé pour recevoir doctrine & apprendre science; en ce temps on doit apprendre sciences & vertus & édifier sa vie qu'elle soit belle & honnête, & a pour lors dix-huit ans,

Puis vient Avril que les terres & arbres sont vêtus de verdures & remplis de fleurs, & de toutes parts les biens sortent de terre abondamment.

Ainsi l'homme les autres six ans est couvert de grande beauté, il est en la fleur de sa jeunesse, & il est en sa plus grande beauté & vigueur, comme être fort, hardi & vigoureux, si doit fleurir & prendre bon commencement, car les fleurs sont des marques du fruit avenir; & aussi se doit-il bien garder des mauvais vents & froidures, car si les fleurs périssent les fruits ne viendront point en leur maturité. Les mauvais vents & les froidures, sont les vices qui empêchent l'homme de venir à honneur, lors il a vingt-quatre ans. Quand vient le mois de Mai gracieux & plaisant, que toute la nature se réjouit; les oisillons chantent aux bois jour & nuit, les arbres sont chargés de fruits & la terre aussi.

Le Soleil est fort chaud en approchant de l'Esté; ainsi est l'homme en les autres six ans, il se voit jeune, beau, vertueux & entre en chaleur, il cherche ébattement, danser, sauter & chanter jour & nuit, que souvent en oublie le boire & manger, il entre en sa grnde force à trente ans. Puis vient le mois de Juin que le Soleil est monté en sa grande chaleur, force & vertu, les jours sont au plus long; ainsi est l'homme à trente six ans en grande force, chaleur & vertu de son âge & plus ne peut monter. Or quand vient Juillet, le Soleil commence à décliner, les jours diminuent & les fruits viennent à maturité; ainsi l'homme dans les autres six ans, connoît être en sa force, il devient sage & tempéré & pense à amasser pour sa vieillesse, aussi commence-t-il un peu à décliner à des ans quarante-deux. Après vient Août temps d'amasser, cueillir & serrer à la maison les biens de la terre, faucher & fanner, auquel mois nous approchons de l'Automne qu'on doit amasser les biens. Ainsi l'homme est dans les autres six ans prudent & sage, prend diligence d'acquérir richesses pour vivre dans le temps qu'il ne pourra plus rien gagner, & a des ans quarante-huit. En Septembre on fait vendanges, on cueille les fruits des arbres, l'homme prudent garnit sa maison, fait provision des choses nécessaires pour vivre l'Hiver qui approche, l'homme dans ses six autres années prospere en sagesse, & propose d'employer le temps qui lui reste à vivre en bonnes œuvres, ne fait point d'excès, car il sait bien que le temps approche qu'il faudra se reposer, sans rien gagner, & pour lors il a cinquante-quatre ans.

Quand vient Octobre, tous biens sont presqu'amassez & sont à la maison, bleds, vins & fruits: & derechef on recommence à labourer & semer la terre pour la prochaine année, & qui ne semeroit pas ne recueilleroit rien. Ainsi l'homme dans ces six ans à ce qu'il doit avoir, & il faut qu'il s'y contente, le temps du gain & commerce est passé; il sert Dieu, fait pénitence, & telles œuvres sont des fruits qu'il recueillera après son trépas, il a pour lors soixante ans. Ensuite vient Novembre que les jours sont petits, & le Soleil peu de chaleur, les arbres son dépouillez de leurs feuilles, la terre de sa verdure; ainsi l'homme dans ces six ans connoît qu'il est vieux, il a perdu sa chaleur, il est dépouillé de sa beauté, de sa force, de sa vigueur; les dents lui tombent, sa vue est foible; toutes ces choses lui font connoître qu'il est sur le déclin de ses jours, & l'homme a pour lors soixante & six ans. Puis vient Décembre plein de froidures, de neiges, vents, on tremble de froidure & on ne peut labourer, le Soleil est le plus bas qu'il peut descendre, les campagnes sont couvertes de bruines blanches, il n'y a de chaleur qu'auprès des tisons du feu; il dépense les biens qu'il a amassez en l'Automne: dans ces six années qui sont le nombre de soixante & douze, l'homme est rafroidi & tremblant, il a les cheveux chenus & blancs, il ne peut s'échauffer; c'est pourquoi il cherche le feu ou le Soleil, il se couche de bonne heure & se leve tard; enfin il connoît que le temps de son âge est passé: s'il vit plus long-temps toujours deviendra foible & décrépité, & prolongation de vie ne peut venir que du régime de vivre qu'il aura tenu en sa jeunesse: Parquoi je dis mon Berger parlant de longuement vivre & mourir que les corps célestes y peuvent faire avancement avec le gouvernement bon ou mauvais des hommes. Sur lesquelles inclinations est le vouloir de Dieu, allongeant la vie & la diminuant lorsqu'il lui plaît. C'est pourquoi en notre Compôt & Calendrier sera montré comment nous avons connoissance d'iceux corps célestes, de leurs mouvemens & vertus. Ce Livre est nommé Compôt, car il comprend tout le contenu du Compôt, les jours, heures & minutes des nouvelles Lunes, Eclipses de Soleil & de Lune, & au signe laquelle la Lune est chaque jour que le Compôt n'enseigne pas, & est dit des Bergers, car il est extrait quant à la plupart de nos Calendriers des Bergers, est facile à comprendre pour gens non éclairés, & si contient une doctrine que les Bergers & autres gens doivent savoir, ensemble plusieurs enseignemens ajoûtez par celui qui l'a mis en lumiere comme il est, lequel Compôt & Calendrier est divisé en cinq parties. La premiere est notre science de Compôt & Calendrier. La seconde est l'arbre des vices; ensemble la communication des peines pour ceux qui les auront commis. La troisième est la voie salutaire des hommes, l'arbre des vertus pour parvenir à la sagesse. La quatrième est physique & le régime de santé de nos Bergers. Et la cinquième notre Astrologie & Physionomie, pour connoître plusieurs fallaces & cautelles du monde, ceux qui par nature y sont enclins. Lesquelles parties déclarées comme les entendons sera la fin de ce présent Compôt & Calendrier.

Ceux qui savent le Compôt pratiquent la Lettre Dominicale par les Vers ci-dessous.

Prius esto Dei cœlum accipere,
Fructus alit canos cigelica bellico danos
Et genitrix bona dat finis amara cadat,

Ou par ces autres Vers.

Dat flores anni calor ejus gaudia busti,
Cambit edens griffo boabel dicens fluet augur.

Pour trouver le Nombre d'Or & la Nouvelle Lune.

CEux qui viennent du Compôt & Calendrier sur main ont deux Versets de l'ancien Compôt, lesquels nous mettons ici avec leurs valeurs à l'endroit de chacune syllabe & exceptions par chacun mois.

Ter. nus. un dix. de. to. sex. de. quin. que. trod. ambe. de. cim. doc.
5. 11. 19. 8. 16. 3. 13. 2. 10. 16.
Sep, tem, quind, quar, tur, dat, io, ta, no, nom, deps, sex, tus, quad,
7. 15. 4. 12. 1. 9. 11. 9. 14.

Ces deux Vers contiennent aux syllabes, dont y en a 16 qui sont en valeur, les autres ne vallent rien, ſinon pour montrer l'intervalle qui ſe met au Calendrier entre les nombres. La premiere ſyllabe *ter*, ſe met au premier jour de Janvier, *nus*, ſeconde ſyllabe ſur le ſecond jour, & ainſi conſécutivement juſqu'à la fin du Calendrier. Mais il y a ſix exceptions, comme nous avons déjà dit pour les mois pairs, qui n'ont que vingt-neuf jours de Lune, Février n'a point de *din*, en Avril faux laiſſer dix, Juin, & Août ſemblablement en Octobre *de*, & en Décembre *to*, ou bien il faut prononcer ces ſyllabes avec leur précédente tout en un mot. A la fin de Juillet faut dire un *nod din*, non pas un *din nod.* Ceux qui viennent de ce Compôt & Calendrier, ſoit ſur la main ou autrement où le nombre d'Or eſt ainſi dreſſé; ſavoir ou le nombre de trois eſt au premier jour de Janvier, ils reculent ou retrogradent toujours de cinq jours, après ce nombre d'Or, comme elle étoit ancienne, ceci eſt arrivé pour avoir trop donné de minutes au cours de la Lune, le pareil eſt arrivé à l'année Solaire. Cela a fait recevoir l'an au Calendrier, & non pas au Ciel des Solſtices & Equinoxes, & le Nombre d'Or ou Cycle Lunaire. On a mis en quelque Calendrier dix-neuf à l'endroit du premier jour de Janvier, faiſant reculer trois de cinq jours, & en cette maniere, la Lune étoit nouvelle le jour, vis-à-vis duquel le nombre d'Or, mais aujourd'hui à raiſon du retranchement des dix jours & réformation du Calendrier, ce Nombre d'Or eſt inutil, ſinon pour trouver l'Epacte, comme il ſera dit ci-après, d'aventure nous ne lui voulons faire faire un ſaut; au lieu de compter onze en mil ſix cens ſix nous comptions deux. Et en ce faiſant ainſi pour l'avenir, nous trouverions la Lune nouvelle en reculant de cinq jours à compter du Nombre d'Or ou au premier jour de Janvier, il y a trois mois de peur de brouiller, je ſuis plutôt d'avis de ſuivre la réformation du Calendrier qu'autrement, tant ſur la main, que ſur le Livre; car il ſera encore plus facile d'appliquer ſur l'Epacte reformée, que le Nombre d'Or, comme nous montrerons ci-après; mais devant que de le faire nous mettrons ici un Extrait du préſent Calendrier à ce propos.

Noble Extrait du Calendrier Grégorien perpetuel.

L'Egliſe Romaine a uſé juſqu'à préſent du Cycle de dix-neuf années, du Nombre d'Or diſtribué pour les jours du Calendrier, tant pour chercher les conjonctions du Soleil & de la Lune, que pour trouver principalement le jour de la Fête de Pâques & des autres Fêtes mobiles. Car les anciens penſoient que l'eſpace de dix années Solaires étant paſſées, les

les Lunes revenoient exactement au même jour, & l'heure même au même endroit, quelque peu de temps avant que l'espace de seize ans Solaires soient précisément accomplis. Dont il est arrivé que les nouvelles Lunes soient maintenant éloignées du nombre de plus de quatre jours dans le vieil Calendrier Romain, & par ce moyen la fête de Pâques est bien souvent célébrée après le vingt-unième jour de la Lune contre l'Ordonnance & Institution de nos majeurs. A raison dequoi le Cycle du nombre d'Or a été trouvé maintenant du tout inutile pour montrer les nouvelles Lunes & Fêtes mobiles, & sera doresnavant inutile de plus en plus à cet effet; tant à raison des dix jours qui ont été retranchés, que pour les Bissextes qu'il faut laisser de quatre ans en quatre ans. On a donc mis & substitué dans le Calendrier en place du nombre d'Or un Cycle des Epactes, composé de quatre nombres Epactans, lequel à la vérité n'est autre chose qu'un Cycle de seize années du nombre d'Or égalisé; de maniere qu'il sert tout autant que feroit le nombre d'Or. Nous userons donc doresnavant du nombre d'Or, non pas pour chercher les nouvelles Lunes & les Fêtes mobiles, mais pour trouver l'Epacte, une Table qui suit extraite du Calendrier.

Table des Epactes rapportés au nombre d'Or, depuis le 15 Octobre l'an de la Correction 1582, après en avoir ôté jusqu'à l'an & au temps où nous sommes.

6. 7. 8. 9. 10. 11. 12. 13. 14. 15. Nombre d'Or

XXVI. VI. XVIII. XXIX. X. XIX. II. XIII. XXIV. V.

9. 17. 18. 19. 1. 3. 4. 5. Epacte

XVI. XXVII. XIX. I. XXIII. IV. XV.

Pratiques ingénieuses du Compost des Bergers.

UN subtil moyen & invention ont trouvé les Bergers, savoir le Nombre d'Or, la Lettre Dominicale & Tabulaire. Laquelle pratique pour la subtilité est difficile, si premierement il n'étoit montré de ceux qui l'entendent; mais à cela ne convient s'arrêter ni travailler pour cause des figures qui enseignent tout & montrent ladite pratique.

LE CALENDRIER SUR LA MAIN.

Pour savoir les Fêtes, & en quels jours elles sont.

QUi veut savoir le Calendrier
Sur la main comme le Berger,
Quand & quel jour il sera Fête,
Ce qui s'ensuit mettre en sa tête,
Avant toute œuvre sans songer,
A, B, C, D, E, F, G,
Les jours de l'an tous par sept,
Lettres sont connues chacun sait,
Une est pour le Dimanche toujours,
Six autres sont pour les six jours,
Et aux jointures doivent être
Assise à la main senestre,
Des quatre doigts, c'est tout à point
Le pouce compris n'y est point,
Toucher on le doit de la main
Dextre pour être plus certain,
A, B, C, sont hors main G sur
D, E, F, dedans sont inclus,
Après tantôt convient savoir
Quel lieu chacun mois doit avoir,
Au petit second doigt de G, B,
E, G, C, sont au moyen doigt,
E, A, met au Médecin,
D, F, au petit prenant fin
Janvier est à sus du petit
Doigt assis à son appétit,
Février & Mars sont, ce me semble,
Sœurs du second doigt ensemble,
Avril sur G, sur le B, Mai,
Qui tout est joyeux & gai,
Juin est sur E, du doigt du milieu,
Juillet sur G, c'est son droit lieu,
Et Août sur C, puis après vient
Septembre que loger convient
Sur F, du quatrième doigt
Octobre sur A, c'est pour soi,
Après il faut mettre Novembre,
Sur D, & sur F, Décembre,
Du petit doigt pour abreger,
Douze mois faut ainsi loger.

Dans quatre lignes ci-dessous sont autant de Syllabes comme sont de jours du mois, pourquoi elles servent. On les doit asseoir sur autant de jointures de la main senestre chacune Syllabe sur une jointure pour trouver les Fêtes.

Janvier.

En Jan vier, que les Rois ve nus sont
Gault, me dit fre min : mort, font
An, toi, ne, sub ag vin, cent, boit,
Paul, doit, plus, qu'on, ne, lui, doit.

Février.

Au, chandelier, Blaise, à, gar, vient,
A Paris, il, m'en, souvient,
En, Ju lian, de, pois si,
Pier re, Mat thias, aus si.

Mars.

Au bin, dit, que, Mars, est, fril leux;
O est, mon, fait, Gre goire, fril leux,
Qu'en, fe rons, nous, Be noît, a, dit,
Ma rie, ne, point, ne, ré pon dit.

Avril.

Am broi se, Guil lau me, &, beu voit,
Du, meilleur, vin, qu'il, avoit,
Quand, vint, qui, tout, a che ta,
Geor ge, Mar chand, il, se, paya.

Mai.

Ja, que, croix, dit, que, Jan, est Mai,
Ni co las, dit, qu'il, est, vrai,
Sa ges, &, sots, ho no rés, sont,
Quand, Ur bain, &, Ger main, sont.

Juin.

En, Juin, on, a, bien, sou vent, le, ront
Gran soit, ou, Bar na bé, ment,
Et, ce, temps, vin rent, de mircre,
D'où, vient, Eloy, son fils, Pier re.

Juillet.

En, Juil let, Mar tin, se, com bat,
Et, du, be noi, tier, saint, vast, bat,
Là, sur vint, mar evet, mag da len,
Jean ne, mar, &, ger main,

Août.

Pier re, Etien ne, Do mi niq; jet toit,
A près, Lau rent, qui, brû loit,
Ma rie, print, cri er, &, brai re,
Bar the le mi, fit, Jan, tai re.

Septembre.

Gil les, Rei ne, à, ce, que, je, vois,
Ma rie, toi, si, tu, me, crois,
Et, prie, des, nôces, Mat thieu,
Son, fils, fre min, comme, Micheu.

Octobre.

Re mi, sont, Fran çois, en, vi gueur,
De nis, n'en, est, pas, bien, as seur,
Car, Luc, est, pri son nier, à ban,
Cres pin, &, Si mon, à can.

Novembre.

Saintsmors, sont, gens, bien heureux,
Com, dit, Edmond mar, bri ci eux,
Lors, ai gnent, vint, de, mil, l'an,
Cle ment, Ca the ri ne, saint, An.

Décembre.

Eloy, fait, bar be, au, lart,
Ma rie, à, dit, que, Luce, art,
Dont, en, grand je, Thomas, merit,
De, Noë, Jano, Silves tre, s'en fuit.

Gliffer car en toutes faifons,
Entre Pâques & les Rois font
Cinq femaines tu trouveras,
Jeudi d'après colloqueras,
Sans plus longue expectation,
De Jefus-Chrift l'Afcenfion
De Pâques avons fept femaines,
Jufques à Pentecôte pleines.

Huit jours aprè tu compteras
Et la Trinité trouveras,
Et le Jeudi conféquemment,
La Fête du Saint Sacrement,
Les autres Fêtes font fignées
Au Calendrier & défignées
Sous certaines Lettres pour voir
Que pour facilement favoir.

Les Jeûnes commandés par l'Eglife aux Chrétiens.

TU dois jeûner les Quatre tems
Retiens les comme je l'entens,
Le premier eft après les Brandons,
Que dois jeûner comme les bons,
Le Second après la Pentecoûte,
A bon cœur cela rien ne coûte,
Le tiers eft bien je m'en remembre,
Après Sainte Croix de Septembre,
Le quart après la fainte Luce,
Nul jour qu'une fois ne mangeuffe,
Le Carême jeûner te faut,
Si maladie ton corps n'affaut;
Vigiles de Noël & Saint Laurent
Saint Jean-Baptifte de Jefus parent
l'Affomption de Nôtre-Dame,
Qui ne la fert il eft infâme,
Saint Pierre, S. Paul, S. Mathieu,
Saint Simon, S. Jude Touffaints,
Jeûner, rends ames & corps faints,
De telles Fêtes immobiles,
Me faudroit jeûner les Vigiles,
Pareillement de Pentecôte,

Jeûneras Vigiles fans doute,
Saint Matthias fera la fin,
Des jeûnes commandés afin
Que Lyon en fon Diocèfe,
N'en jeûne dix-fept pour feize,
Jeunes ceux-ci & bien y avife,
Car ainfi le veut la fainte Eglife,
Si aucune venoit au Lundi,
Tu dois jeûner le Samedi,
L'homme de jeûner n'a excufe,
Si grande maladie ne l'excufe,
La Femme de grand mal atteinte,
Excufée ou d'être enceinte,
L'homme ou femme trop en âge
De jeûner ne feroit pas fage,
Jeûner doivent fans mal enfans,
Au Compôt font regles communes,
Qui enfeignent tous les jeûnes,
Je te prie pas ne les oublie,
Prens en gré au vrai Dieu fupplie,
Qu'à celui qui a fait fes dits,
Donne la gloire de Paradis.

Pour favoir le nombre des jours de chaque mois.

Avril, Juin & auffi Septembre,
Ont xxx. jours auffi Novembre,
Les autres ont chacun plus un jour:
Février fi moins le Biffexte n'a tour.

ÉTHIMOLOGIE DES MOIS.

JAnvier vient de Janus, Dieu d'entre les Payens,
Au double front dépeint les anciens
Ont voulu dévorer toute sage personne,
Du futur & passé qu'il ait mémoire bonne.
Des fleurs vient Février ou des lustrations,
Février en ce mois faites des Nations
Qui ne connoissent Dieu à lui soit louange,
Ne veut de cōpagnons quittons tout Dieu étrange.
Mars prend son nom de Mars le Sgr. du Belier,
Ou *Sol* entre en ce mois, Mars est le Dieu guerrier
Des Payens & son Astre encor enfleu la guerre,
Et force à guerroyer, tant par mer que par terre.
Avril est dit d'ouvrir, car lors vient à s'ouvrir
La terre pour germer ce qu'avoit fait mourir
Le froid Hyver, & lors Venus dite Aphropie,
Et son tanteau nous fait toutes herbes éverdie.
Mai est dit de Mai à une qui du Seigneur,
Des Gemeaux sur la Mer, ou de ce mot Majeur,
Car entre les Romains Majeurs la République
Gouvernoient, & leur loi rompre étoit très-inique.
Juin vient de Junieurs, qui à la guerre alloient,
Pendant que les Majeurs en Rome gouvernoient,
Des Majeurs sont les loix, qu'elles soient gardées,
Les jeunes Belliqueux par toutes les contrées.
Juillet vient de Jules César qui en ce mois
Fut né & triompha en belliqueux Artois,
De la Reine d'Egypte en la guerre Navale,
Et le premier le fit couronné impériale.
Août est dit de César Auguste Empereur,
Qui en ce mois fut né, fut aussi triompheur,
Auparavant ce mois étoit nommé Sextile,
Etant fixement à Mars comme Juillet Quintile.
Septembre est dit désert & d'imber mot latin,
Il est septieme à Mars nous donne aussi du vin,
Et des pluies de saison pour la terre seichée,
A ce faire humecter, pour être resemée.
Octobre est dit d'Octo, d'Imber pareillement,
Il est du huitième à mars qui fut premierement
Cōmencement de l'an nous donne aussi des pluies
Pour les sources des eaux que l'Hyver a taries.
Novembre est dit de neuf, il est neuvain,
Est dit pluvieux, le signe du Belier,
Domicile de Mars, Zodiaque commence,
Le Sagittaire ici devient à la cadence.
Décembre est dit de dix, est aussi dix auner,
Comme Mars halitreux souloit être premier,
Encore, dit l'Astrologue, aujourd'hui que l'année
En Mars & au Belier nous est renouvellée.

POUR TROUVER LES FETES MOBILES.

A Toi qui Latin ne connois,
Je te veux donner en François
Plusieurs enseignemens notables,
Pour savoir les Fêtes mobiles,
Que selon le cours de la Lune
T'avient tous les ans chacune:
Davantage t'enseignerai
Tout au plus bref que je pourrai,
Le tems des Nôces & des Jeûnes,
Et comme connoîtras chacunes
Et quand tu t'en voudras aider,
Chaque mois cherche au Calendrier
Prime lune ou nombre doré,
Sur tous les autres honoré,
Lequel jusqu'à dix-neuf monte,
Puis à un retourne ton compte,
La lettre du Dimanche, vue,
Et la Septuagésime sçue,
Sauras par les Vers ensuivans
Fêtes mobiles tous les ans.
Savoir donc peut par cette rime,
Que celle de Septuagésime
A devant les Brandons tous pleins
Trois Dimanches ni plus ni moins,
Puis du Dimanche ni plus ni moins,
Six semaines t'abandonnes
Jusqu'au Dimanche de Pâques,
Et gardes que le tems ne fasse.

Nombre d'Or.	ij. iij. iv. v. vj. vij. viij. ix. x. xj. xij. xiij. xiv. xv.
Aries.	y n c v l ſ h z p e u m a s i & q f
Aries.	z o d u m a s i & q ſ x n b t k r g
Aries.	& p e x n b t k r g y o e u l a ſ h
Taurus.	z f y o e v l a f ſ h z p d u m b s i
Taurus.	a r g z p d u m b s i & q e x n c t k
Gemini.	b ſ n & q e x n c t k r f y o d u l
Gemini.	c s i e r ſ y o d v l a ſ g z p e u m
Cancer.	d t k a ſ g z p e u m b s h & q ſ x n
Cancer.	e u l b s h & q f x n c t i d r g y o
Leo.	f u m c t i r g y o d v k a ſ h z p
Leo.	g x n d v k a ſ h z p e u l b s i & q
Leo.	h y o e u l b i & q f x m e t k r
Virgo.	i z p f x m c t k t g y n d u l a s
Virgo.	k & q g y n d u l a ſ h z o n m b t
Libra.	l r h z o e u m b s & p f x n c u
Libra.	m a f i & p f x n e t k q g y o d v
Scorpio.	n b s k q g y o q v l a r h z p e x
Scorpio.	o c t l a r h z p e u m b ſ i & q f y
Sagittarius.	p d u m b ſ i & q f u n c s k r g z
Sagittarius.	q e v n c s k r g y o p t l a ſ h &
Sagittarius.	r f x o q t ſ a ſ h z p e n m b s i °
Capricornus.	ſ g y p e u m b s i & q ſ u n c t k
Capricornus.	s h z q f u n c r k r g x o q u l a
Aquarius.	t i & g t x s q v l a ſ h y p e u m b
Aquarius.	u k l h p e n u m b s i z q f x n c
Piſces.	v l a s i z q f x n c r & r g y o d
Piſces.	x m b t & r g y o q u l ſ h p e
Piſces.	y n c u l ſ h z p e z p e m a s i & p f

CEtte figure ci-deſſus bien entendue eſt fort profitable & utile, car par icelle on connoît les jours pour faire ſaignée au flet bothomie ſur les corps humains, quand pour éviter maladie ou recevoir guériſon la ſaignée eſt fort requiſe; on peut connoitre en quel ſigne la Lune eſt chacun jour & eſt déclaration des lettres d'un A, B, C, qui ſont au Calendrier vers la fin des lignes, & ſont nommés proprement lettres des signes, parquoi soit premierement notée la lettre du Calendrier sur le jour qu'on veut savoir. Après soit trouvée icelle A des signes en la figure ci-dessus en la ligne d'ascendant dessous le nombre d'Or qui court l'année. Puis on doit regarder en tête des lignes où sont écrits les noms des signes. Et celui qui regarde du travers de la figure droitement ladite lettre, c'est celui auquel la Lune est ledit jour.

Et comme un nombre d'Or seul sert pour un an, ainsi sert la ligne seule dessous celui nombre pour le même an, comme l'an de ce Calendrier, nous avons onze pour nombre d'Or, la ligne sous douze servira pour l'an de douze de nombre d'Or, & ainsi pareillement des autres ils ajoûtent toujours dix.

C'est-à-dire que les douze signes dominent le corps de l'homme divisé par douze parties, ainsi comme est par iceux signes, le Firmament divisé, & chacun signe regarde & gouverne la partie du corps, ainsi qu'il est dit ci-dessus, & après sera démontré par figure & déclaré plus amplement.

Comme Aries gouverne le chef & la face, Taurus gouverne le col & la gorge, Gemini gouverne les bras & les mains, le Cancer regarde & gouverne la poitrine, & Leo l'estomac & les reins, Virgo gouverne les entrailles & le petit ventre, Libra gouverne les deux hanches & les fesses, le Scorpion gouverne les parties vergogneuses, Sagittarius les cuisses, & le Capricorne les deux genoux, Aquarius les jambes, & Pisces la plante des pieds: Aussi faut entendre que Saturne est de couleur noire, Jupiter retient la verte, Mars la rouge, le Soleil la jaune, Venus la blanche, Mercure & la Lune sont divers; c'est-à-dire, participans de toutes couleurs, durant le regne desquels l'enfant qui vient à naître sous leur domination tient de la couleur.

Ci-après s'ensuit le Calendrier des Fêtes de l'année, les principales desquelles sont imprimées en Lettres Italiques avec la déclinaison du Soleil pour les années réformées, selon le retranchement des dix jours.

JANVIER.

Je m'appelle Janvier,
Le plus froid de toute l'année.
Mais si me puis-je bien vanter,
Que ma saison fut approuvée;

La foi de Dieu y fut donnée,
Car en mon tems fut circoncis
Jesus-Christ & si fut montrée
Aux trois Rois l'Etoile de prix.

Epacte

Epact.	*Nombre d'Or.*	*Jours.*		*JANVIER.*	*Dég. 1. An. minut.*	*2. An. minut.*	*3. An. minut.*	*4. An. minut.*	*Signes.*
T	3	1	A	*La Circoncision.*	34	41	45	49	f
XXIX.		2	b	octave s. Etienne	12	18	22	26	g
XXVIII.	1	3	c	ste. Geneviéve	49	55	56	4	h
XXVII.		4	d	oct. des Innocens	26	32	36	49	i
XXVI.		5	e	ſaint Simeon	2	8	13	18	k
XXV.	19	6	f	*Les Rois.*	59	44	50	54	l
XXIV.	8	7	g	ſaint Fraubert	15	21	27	31	m
XXIII.		8	A	ſaint Rigobert	51	57	57	58	n
XXII.	16	9	b	ſaint Joſſe	28	33	40	44	o
XXI.	5	10	c	ſaint Guillaume	4	10	50	20	p
XX.		11	d	ſaint Eugene, p.	41	47	54	35	q
XIX	19	12	e	ſaint Satyre	18	21	30	1	r
XVIII	2	13	f	ſaint Hilaire	54	59	6	48	s
XVII.		14	g	ſaint Félix	31	35	44	24	t
XVI.	10	15	A	ſaint Maur, abbé	7	12	19	0	u
XV.		16	b	ſaint Marcel	44	48	56	38	v
XVI.	18	17	c	ſaint Antoine	2	24	30	12	x
XIII.	7	18	d	ſaint Priſce	56	0	6	48	y
XII.		19	e	ſaint Parre	32	36	42	24	z
XI.	15	20	f	Saint Sébaſtien	9	22	19	1	&
X.	4	21	g	*Sol en Aquarius*	25	12	6	23	,
IX.		22	A	ſaint Vincent	39	36	28	47	
VIII.	12	23	b	ste. Emerantiane	3	0	52	10	A
VII.	1	24	c	*Saint Savinien*	27	23	16	34	b
VI.		25	d	la Conv. s. Paul	51	46	40	58	c
V.	9	26	e	ſaint Policarpe	15	9	4	21	d
IV.		27	f	ſaint Potentian	38	31	27	43	e
III.	7	28	g	s. Charlemagne	1	56	51	8	f
II.	6	29	A	ſaint Franç. de S.	25	29	14	33	g
I.		30	b	ste. Martine, v.	4	43	80	55	h
	3	31	c	s. Pierre de Nol	4	6	0	18	i

De l'état de l'homme humain.

Les ſix premiers ans que l'homme vit au monde,
Nous comparons à Janvier promptement,
Car en ce mois vertu ni force n'abonde,
Non plus que quand ſix ans à un enfant.

FEVRIER.

Février le très-hardi je suis
Auquel mois la Vierge Royale,
Alloit au Temple des Juifs,
D'un amour très-spéciale.

Là Jesus-Christ lumiere très-loyale,
Elle présente ès bras de Simeon:
Prions la Majesté Royale
Qu'elle garde de France le renom.

Epacte.	Nombre d'Or.	Jours.		FEVRIER.	Dég.	1. An. minu.	2. An. min.	3. An. min.	4. An. minu.	Signes. minut.
XXIX.		1	d	saint Ignace	17	1	2	15	20	A
XXVIII.	18	2	e	*Purification N. D.*	16	48	51	8	12	b
XXVII.		3	f	saint Blaise, Ev.	16	30	36	40	4	c
XXVI.	19	4	g	saint Ambroise	16	13	19	22	28	d
XXV.	8	5	A	sainte Agathe	15	35	15	16	16	e
XXIV.		6	b	saint Amand.	15	57	40	40	5	f
XXIII.	5	7	c	saint Richard, m.	15	19	22	28	32	g
XXII.		8	d	saint Salomon.	15	1	3	9	13	h
XXI.	15	9	e	sainte Apolline.	14	42	44	48	53-	i
XX.	2	10	f	sainte Scolastique.	14	21	24	29	34	K
XIX.		11	g	saint Didier.	14	10	6	10	16	l
XVIII.	10	12	A	sainte Eulalie, v.	13	49	46	50	55	m
XVII.		13	b	saint Lucian, év.	13	20	26	30	18	n
XVI.	18	14	c	saint Valentin, m.	13	0	6	10	15	o
XV.	7	15	d	saint Faustin, év.	12	26	46	50	55	p
XIV.		16	e	sainte Juliane, v.	12	18	26	2	34	q
XIII.	5	17	f	saint Silvin, évêq.	11	58	5	9	12	r
XII.	4	18	g	saint Simeon, év.	11	37	44	18	52	ſ
XI.		19	A	ste. Constance, v.	11	16	24	17	32	t
X.	12	20	b	*Sol en Pisces.*	10	54	0	5	11	u
IX.	1	21	c	saint Gal, Prêtre.	10	31	39	44	47	v
VIII.		22	d	la Chaire s. Pierre	10	19	17	22	27	x
VII.	9	23	e	saint Polycarpe	9	47	55	2	10	y
VI.		24	f	*Saint Matthias.*	9	26	33	18	41	z
V.	17	25	g	saint Victor, conf.	9	4	11	61	19	&
IV.	6	26	A	saint Julien, m.	8	41	49	34	57	;
III.		27	b	Transl. s. Aug.	8	19	27	12	25	A
II.	4	28	c	saint Patere.	7	27	25	13	8	b
I.					7	0	0	0	0	c
					0					d

T 3

De l'état de l'homme humain.

Les six ans après ressemblera Février,
En fin duquel commence le Printemps,
Car l'esprit est prêt à enseigner,
Et doux devient l'enfant quand il a douze ans.

MARS.

Je ſuis noble Mars fleuriſſant,
Très-gentil & très-vertueux,
Et moi vient bien fructifiant,
Car je ne ſuis leger & plantureux.
Et Carême glorieux,
Eſt mon regne je vous le dis,
Qui ſuis en mon temps vigoureux,
Pour avancer tous mes amis.

Epacte.	*Nombre d'Or.*	*Jours.*		*MARS.*	*Dég.*	*1. An. minut.*	*2. An. minut.*	*3. An. minut.*	*4. An. minut.*	*Signes.*
T										
XXIX.	3	1	d	saint Aubin.	23	7	10	10	15	A
XXVIII.		2	e	saint Simplice.	23	2	50	5	10	b
XXVII.	11	3	f	ste. Gunegonde.	22	59	58	2	52	c
XXVI.		4	g	saint Casimir, c.	22	50	52	54	40	d
XXV.	19	5	A	saint Phocas.	22	4	25	49	42	e
XXIV.	8	6	b	saint Victor.	22	37	28	45	25	f
XXIII.		7	c	S. Thomas d'Aq.	22	10	50	35	37	g
XXII.	16	8	d	sainte Perpétue	22	22	22	27	17	h
XXI.	5	9	e	sainte Françoise	22	14	4	18	11	i
XX.		10	f	les 40 Martyrs.	22	4	9	9	2	k
XIX.	13	11	g	saint Firmin, ab.	21	52	54	17	58	l
XVIII.	2	12	A	saint Grégoire	21	42	45	47	46	m
XVII.		13	b	saint Donat.	21	30	35	27	9	n
XVI.	10	14	c	sainte Mathilde	21	22	25	28	0	o
XV.		15	d	saint Patrice	21	10	34	18	9	p
XIV.	18	16	e	saint Cyriac.	21	0	2	6	7	q
XIII.	7	17	f	sainte Gertrude.	20	47	50	55	0	r
XII.		18	g	saint Cyrille, év.	20	35	38	43	43	ſ
XI.	5	19	A	saint Joseph.	20	22	26	31	34	s
X.	4	20	b	*Sol en Aries Prin.*	20	11	13	19	15	t
IX.		21	c	saint Benoît.	20	19	56	5	6	u
VIII.	12	22	d	saint Alexandre.	20	42	47	56	50	v
VII.		23	e	sai t Fidéle.	19	28	33	17	19	x
VI.	9	24	f	saint Gabriel.	19	13	18	24	26	y
V.		25	g	*Annonciation N. D.*	10	0	3	10	52	z
IV.	17	26	A	saint Castulé.	19	25	42	56	58	&
III.	6	27	b	saint Rupert.	18	28	34	37	43	,
II.		28	c	saint Gontran.	18	12	18	22	27	A
I.	4	29	d	saint Jonas.	17	57	59	28	18	b
		30	e	saint Rieul.	17	40	40	52	26	c
	3	31	f	saint Binjamin.	17	28	28	36	36	d

De l'état de l'homme humain.

Mars dénote les six ans et suivans,
Que le temps change produisant verdure,
En cet âge s'adornent les Enfans,
A maints ébats sans souci & sans cure.

AVRIL.

Je ſuis Avril le plus joli,
De tous en honneur & vaillance,
Car nous fûmes tous affranchis,
En mon temps par coup de lance,

Par la digne ſouffrance,
De Dieu qui le monde créa,
On en doit avoir ſouvenance,
Car en mon temps reſſuſcita.

Epacte.	Nombre d'Or.	Jours.	AVRIL.		Dég.	1. An. minut.	2. An. minut.	3. An. minut.	4. An. minut.	Signes.
XXIX.		1	g	ſaint Valeri, ab.	4	34	29	29	40	f
XXVIII.	3	2	A	ſaint Niſier.	4	50	27	97	4	g
XXVII.		3	b	ſaint Richard.	5	20	6	10	27	h
XXVI.	16	4	c	ſaint Zoſime.	5	43	49	33	5	i
XXV.	6	5	d	ſaint Vincent F.	6	5	2	54	12	k
XXIV.	16	6	e	ſaint Xyſte.	6	28	25	17	35	l
XXIII.	5	7	f	ſaint Epiphane.	6	50	48	59	57	m
XXII.		8	g	ſainte Perpétue.	7	12	10	2	20	n
XXI.	13	9	A	ſainte Cléophas.	7	36	32	25	42	o
XX.	2	10	b	ſaint Guillaume.	7	57	52	56	4	p
XIX.		11	c	ſaint Léon.	8	20	12	8	16	q
XVIII.	12	12	d	ſaint Jules, Pape	8	41	34	32	49	r
XVII.		13	e	ſaint Juſtin.	9	2	8	8	11	ſ
XVI.	31	14	f	ſaint Tiburce.	9	24	14	14	33	s
XV.	7	15	g	ſainte Baſiliſſe.	9	37	35	53	52	t
XIV.		16	A	ſaint Paterne.	10	7	9	9	13	u
XIII.	15	17	b	ſaint Anicet.	10	29	10	19	34	v
XII.	4	18	c	ſaint Eleuthere, m.	10	51	42	39	55	x
XI.		19	d	ſaint Timon.	11	12	2	0	16	y
X.	12	20	e	*Sol en Taurus.*	11	31	21	21	37	z
IX.	1	21	f	ſaint Anſelme.	11	32	45	42	57	&
VIII.		22	g	ſaint Sotere, Pape.	12	12	5	3	17	,
VII.	9	23	A	ſaint Georges.	12	31	24	23	38	A
VI.	17	24	b	ſaint Bon.	12	49	41	42	17	b
V.	6	25	c	ſaint Marc, Ev.	13	8	3	1	10	c
IV.		26	d	ſaint Clete, Pape.	13	38	12	22	36	d
III.	14	27	e	ſaint Anaſtaſie p.	13	48	4	46	59	e
II.	3	28	f	ſte. Theodore v.	14	8	5	1	19	f
I.		29	g	ſaint Pierre, mart.	14	28	22	17	30	g
*		30	A	ſaint Eutrope, m.	14	42	42	39	3	h

De l'état de l'homme humain.

Six ans prochains vingt-quatre en ſomme,
Sont ſignifiez par Avril gracieux,
Et ſous cet âge eſt gay & joli l'homme,
Plaiſant au Dames & auſſi gracieux.

MAI.

De pareil à Mai point n'aura,
Entre toute cette assemblée,
Car qui bien nommer me saura,
Je suis le franc Roi de l'année.

Je suis le Mai par qui parez,
Ah! maintes belles Demoiselles,
Et en ce temps fut approuvez,
Des Docteurs toute la querelle.

Epact.	Nombre d'Or.	Jours.		M A I.	Dég. 1. An. minut.	2. An. minut.	3. An. minut.	4. An. minut.	Signes.
T	3	1	b	*S. Jacques s. Phi.*	34	41	45	49	f
XXIX.		2	c	ſaint Athanaſe.	12	18	22	26	g
XXVIII.	1	3	d	Invent. ste. Croix.	49	55	56	4	h
XXVII.		4	e	ſainte Monique.	26	32	36	49	i
XXVI.		5	f	Conv. s. Auguſtin.	2	8	13	18	k
XXV.	19	6	g	*S. Jean P. Latine.*	59	44	50	54	l
XXIV.	8	7	A	ſaint Staniſlas.	15	21	27	31	m
XXIII.		8	b	App. s. Michel.	51	57	57	58	n
XXII.	16	9	c	Tranſl. s. Nicolas.	28	33	40	44	o
XXI.	5	10	d	ſaint Gordien.	4	10	50	20	p
XX.		11	e	ſaint Mamert.	41	47	54	35	q
XIX	19	12	f	ſaint Pancrace.	18	21	30	1	r
XVIII	2	13	g	ſaint Servais.	54	59	6	48	s
XVII.		14	A	ſaint Boniface	31	35	44	24	t
XVI.	10	15	b	ſaint Torquat.	7	12	19	0	u
XV.		16	c	ſaint Honoré	44	48	56	38	v
XIV.	18	17	d	ſaint Paſcal. conf.	2	24	30	12	x
XIII.	7	18	e	ſaint Venant	56	0	6	48	y
XII.		19	f	S. Pierre céleſtin.	32	36	42	24	z
XI.	15	20	g	ſaint Bernardin	9	22	19	1	&
X.	4	21	A	*Soleil en Gemini.*	25	12	6	23	,
IX.		22	b	ſaint Romain.	39	36	28	47	
VIII.	12	23	c	ſaint Didier.	3	0	52	10	A
VII.	1	24	d	ſaint Donatien.	27	23	16	34	b
VI.		25	e	ſaint Urbain.	51	46	40	58	c
V.	9	26	f	S. Philippe de N.	15	9	4	21	d
IV.		27	g	S. Jean P. & M.	38	31	27	43	e
III.	7	28	A	ſaint Germain.	1	56	51	8	f
II.	6	29	b	ſaint Maximin.	25	29	14	33	g
I.		30	c	ſaint Félix Pape.	4	43	80	55	h
	3	31	d	Ste. Petronille v.	4	6	0	18	i

De l'état de l'homme humain.

Mai dénote les ſix ans enſuivans,
Que le temps change produiſant verdure,
En cet âge s'adonnent les Enfans,
A maints ébats ſans ſouci & ſans cure.

D

JUIN.

Fatal à la Prairie en changeant l'herbe en foin,
Je flétris la beauté, j'emporte la sécheresse :
Le bestial en hiver périroit du besoin,
Sans mon soin qui supplée à la faim qui me presse

Fera un agrément qui ne nuira pas,
N'ouvre pas aisément la veine.
La saignée est trop incertaine,
Mêle souvent ton vin.

Epacte.	Nombre d'Or.	Jours.		JUIN.	Dég.	1. An. minu.	2. An. minut.	3. An. minut.	4. An. minut.	Signes.
XXIX.		1	e	saint Justin.	17	1	2	15	20	A
XXVIII.	18	2	f	saint Marcellin.	16	48	51	8	12	b
XXVII.		3	g	sainte Clotilde.	16	30	36	40	4	c
XXVI.	19	4	A	saint Optat.	16	13	19	22	28	d
XXV.	8	5	b	saint Boniface.	15	35	15	16	16	e
XXIV.		6	c	saint Claude, Ar.	15	57	40	40	5	f
XXIII.	5	7	d	saint Paul, Ev.	15	19	22	28	32	g
XXII.		8	e	aint Médard.	15	1	3	9	13	h
XXI.	15	9	f	saint Liboire	14	42	44	48	53	i
XX.	2	10	g	saint Landry	14	21	24	29	34	k
XIX.		11	A	saint Barnabé	14	10	6	10	16	l
XVIII.	10	12	b	saint Sanchez	13	49	46	50	55	m
XVII.		13	c	S. Antoine de P.	13	20	26	30	18	n
XVI.	18	14	d	saint Basile, Ev.	13	0	6	10	15	o
XV.	7	15	e	saint Modeste.	12	26	46	50	55	p
XIV.		16	f	saint Cyr.	12	18	26	2	34	q
XIII.	5	17	g	saint Montan.	11	58	5	9	12	r
XII.	4	18	A	sainte Marine, v.	11	37	44	18	52	s
XI.		19	b	S. Gervais, s. Prot.	11	16	24	17	32	t
X.	12	20	c	saint Sylvere, p.	10	54	0	5	11	u
IX.	1	21	d	*Sol en Cancer, l'Ec.*	10	31	39	44	47	v
VIII.		22	e	saint Paulin.	10	19	17	22	27	x
VII.	9	23	f	*Vigil & Jeûne.*	9	47	55	2	10	y
VI.		24	g	*Saint Jean-Baptiste.*	9	26	33	18	41	z
V.	17	25	A	Transl. s. Eloy.	9	4	11	61	19	&
IV.	6	26	b	S. Jean s. Paul, m.	8	41	49	34	57	,
III.		27	c	saint Crescent.	8	19	27	12	25	A
II.	4	28	d	*Vigil & Jeûne.*	7	27	25	13	8	b
I.		29	e	*S. Pierre S. Paul.*	7	0	0	0	0	c
T	3	30	f	Commem. s. Paul.	0					d

De l'état de l'homme humain.

Les six ans après ressemble Juin,
En fin duquel commence l'Esté,
Car l'esprit est prêt à enseigner,
Et doux devient l'enfant quand il a six ans.

JUILLET.

Je suis Juillet sec & chaud,
Dans mon temps faner il faut,
N'oublie pas la Bouteille au vin,
Car il faut boire en faisant du foin.

Dans cette saison chaleureuse,
La maladie est dangereuse,
Garde-toi de pleurésie,
Si tu veux conserver ta vie.

Epacte.	Nombre d'Or.	Jours.		JUILLET.	Dég.	1. An. minut.	2. An. minut.	3. An. minut.	4. An. minut.	Signes.
T.				saint Thibaut.	23	7	16	10	15	A
XXIX.	3	1	g	Visitation N. D.	23	2	50	5	10	b
XXVIII.		2	A	saint Anatole.	22	59	58	2	52	c
XXVII.	11	3	b	Transl. s. Martin.	22	50	52	54	40	d
XXVI.		4	c	saint Zoé, martyr.	22	4	25	49	42	e
XXV.	19	5	d	saint Tranquillin.	22	37	28	45	25	f
XXIV.	8	6	e	saint Allvre.	22	10	50	35	37	g
XXIII.		7	f	saint Elisabeth.	22	22	22	27	17	h
XXII.	16	8	g	saint Zenon, m.	22	14	4	18	11	i
XXI.	5	9	A	les 7 Freres, m.	22	4	9	9	2	k
XX.		10	b	saint Sidoine.	21	52	54	17	58	l
XIX.	13	11	c	S. Jean Gualbert	21	42	45	47	46	m
XVIII.	2	12	d	saint Anaclet, p.	21	30	35	27	9	n
XVII.		13	e	S. Bonaventure.	21	22	25	28	0	o
XVI.	10	14	f	saint Henri, Em.	21	10	34	18	9	p
XV.		15	g	N. D. du M. C.	21	0	2	6	7	q
XIV.	18	16	A	saint Alexis, conf.	20	47	50	55	0	r
XIII.	7	17	b	saint Arnoul.	20	35	38	43	43	ſ
XII.		18	c	saint Arsene.	20	22	26	31	34	s
XI.	5	19	d	ste. Marguerite.	20	11	13	19	15	t
X.	4	20	e	saint Victor.	20	19	56	5	6	u
IX.		21	f	ste. Magdeleine.	20	42	47	56	50	v
VIII.	12	22	g	*Sol en Leo.*	19	28	33	17	19	x
VII.		23	A	ste. Christine.	19	13	18	24	26	y
VI.	9	24	b	*S. Jacques s. Chris.*	10	0	3	10	52	z
V.		25	c	Transl. s. Marcel.	19	25	42	56	58	&
IV.	17	26	d	saint Panthaleon.	18	28	34	37	43	,
III.	6	27	e	sainte Anne.	18	12	18	22	27	A
II.		28	f	sainte Marthe.	17	57	59	28	18	b
I.	4	29	g	saint Abdon.	17	40	40	52	26	c
		30	A	saint Germain.	17	28	28	36	36	d
	3	31	b							

De l'état de l'homme humain.

Sage doit être ou ne seras jamais,
L'homme quand il a quarante-deux ans,
Lors la beauté décline désormais,
Comme en Juillet toutes fleurs vont passans.

AOUST.

Je ſuis le chaleureux Août,
En mon tems on fait moiſſon par tout,
C'eſt dans cette ſaiſon pour certain,
Que l'on recueille le bon grain.

La ſaignée n'eſt pas pratiquable,
Si abſolument l'on n'eſt malade:
Dans ce temps l'Artiſant ſoigneux.
Amaſſe pour l'Hiver froidureux.

Epacte.	Nombre d'Or.	Jours.		AOUST.	Dég.	1. An. minut.	2. An. minut.	3. An. minut.	4. An. minut.	Signes.
XXIX.		1	c	ſaint Pierre ès-l.	4	34	29	29	40	f
XXVIII.	3	2	d	ſaint Eſtienne, p.	4	50	27	97	4	g
XXVII.		3	e	Inv. s. Eſtienne.	5	20	6	10	27	h
XXVI.	16	4	f	ſaint Dominique.	5	43	49	33	5	i
XXV.	6	5	g	N. D. des Neiges.	6	5	2	54	12	k
XXIV.	16	6	A	Transfig. N. S.	6	28	25	17	35	l
XXIII.	5	7	b	ſaint Cajetan.	6	50	48	59	57	m
XXII.		8	c	ſaint Marin.	7	12	10	2	20	n
XXI.	13	9	d	S. Romain, *Vigil.*	7	36	32	25	42	o
XX.	2	10	e	*Saint Laurent.*	7	57	52	56	4	p
XIX.		11	f	ſaint Tiburce.	8	20	12	8	16	q
XVIII.	12	12	g	ſainte Claire, v.	8	41	34	32	49	r
XVII.		13	A	ſaint Hyppolite, m.	9	2	8	8	11	ſ
XVI.	31	14	b	*Vigile & Jeûne.*	9	24	14	14	33	s
XV.	7	15	c	*Aſſomption N. D.*	9	37	35	53	52	t
XIV.		16	d	*Saint Roch, Conf.*	10	7	9	9	13	u
XIII.	15	17	e	ſaint Rogat.	10	29	10	19	34	v
XII.	4	18	f	ste. Héleine, Imp.	10	51	42	39	55	x
XI.		19	g	ſaint Louis, év.	11	12	2	0	16	y
X.	12	20	A	ſaint Bernard.	11	31	21	21	37	z
IX.	1	21	b	ſaint Anaſtaſe, m.	11	32	45	42	57	&
VIII.		22	c	S. Symphorien.	12	12	5	3	17	,
VII.	9	23	d	*Sol en Virgo.*	12	31	24	23	38	A
VI.	17	24	e	*Saint Barthélemi.*	12	49	41	42	17	b
V.	6	25	f	*Saint Louis, Roi.*	13	8	3	1	10	c
IV.		26	g	ſaint Zéphirin, m.	13	38	12	22	36	d
III.	14	27	A	Tranſl. S. Sulpice.	13	48	4	46	59	e
II.	3	28	b	ſaint Auguſtin.	14	8	5	1	19	f
I.		29	c	Décolat. S. Jean.	14	28	22	17	30	g
*		30	d	ſaint Fiacre, conf.	14	42	42	39	3	h
		31	e	ſaint Ovide, mart.						

De l'état de l'homme humain.

Six ans prochains, quarante-huit ans en ſomme,
Sont ſignifiez par Août gracieux,
Et ſous cet âge eſt gai & joli l'homme,
Plaiſant aux Dames & auſſi gracieux.

SEPTEMBRE.

Je me fais Septembre apeller,
Plein de tous biens en tous endroits,
On peut en ma maison trouver,
Du pain, vin, avoine & pois.

Tous les Bergers pour une fois,
Donc chacun doit par grande raison,
Aviser qu'en icelui mois,
Soit bien pourvu pour la saison.

Epacte.	Nombre d'Or.	Jours.		SEPTEMBRE.	Dég. 1. An. minut.	2. An. minut.	3. An. minut.	4. An.	Signes.
I.	3	1	f	S. Leu S. Gilles.	34	41	45	49	f
XXIX.		2	g	saint Just.	12	18	22	26	g
XXVIII.	1	3	A	sainte Serapie.	49	55	56	4	h
XXVII.		4	b	sainte Rosalie.	26	32	36	49	i
XXVI.	19	5	c	saint Victorin.	2	8	13	18	k
XXV.	8	6	d	saint Zacharie.	59	44	50	54	l
XXIV.		7	e	sainte Reine.	15	21	27	31	m
XXIII.	16	8	f	*Nativité N. D.*	51	57	57	58	n
XXII.	5	9	g	saint Adrian.	28	33	40	44	o
XXI.		10	A	S. Nicolas de T.	4	10	50	20	p
XX.	19	11	b	saint Prothe.	41	47	54	35	q
XIX	2	12	c	saint Sylvain.	18	21	30	1	r
XVIII		13	d	saint Maurille	54	59	6	48	s
XVII.	10	14	e	Exaltat. ste. Croix	31	35	44	24	t
XVI.		15	f	saint Nicodême.	7	12	19	0	u
XV.	18	16	g	saint Euphémie.	44	48	56	38	v
XIV.	7	17	A	saint Justin.	2	24	30	12	x
XIII.		18	b	saint Th. de V.	56	6	6	48	y
XII.	15	19	c	saint Janvier.	32	36	42	24	z
XI.	4	20	d	S. Eustache, *Vigile.*	9	22	19	1	&
X.		21	e	*S. Matthieu. Ap.*	25	12	6	23	,
IX.	12	22	f	saint Maurice.	39	36	28	47	
VIII.	1	23	g	*Sol en Libra. L'A.*	3	0	52	10	A
VII.		24	A	N. D. de la Merci.	27	23	16	34	b
VI.	9	25	b	saint Firmin, év.	51	46	40	58	c
V.		26	c	ste. Justine Vierge.	15	9	4	21	d
IV.	7	27	d	S. Côme S. Dam.	38	31	27	43	e
III.	6	28	e	saint Venceslas.	1	56	51	8	f
II.	4	29	f	*Saint Michel.*	25	29	14	33	g
I.	3	30	g	saint Jerôme.	4	43	80	55	h
					4	6	0	18	i

De l'état de l'homme humain.

Avoir grands biens ne faut que l'homme cuide,
S'il ne les a à cinquante-quatre ans,
Non plus que s'il a sa grange vuide,
En septembre plus de l'an n'aura rien.

OCTOBRE.

Celui qui de moi rememore ,
Se doit réjouir grandement ,
Car je ſuis nommé le mois d'Octobre,
Qui fait vin cueillir & ſarment.

Dont on fait le ſaint Sacrement ,
Sur l'Autel en maintes contrées ,
Et quand je fais bon vin vraiement ,
Ma moiſſon doit être approuvée.

Epacte.	Nombre d'Or.	Jours.		OCTOBRE.	Dég. 1. An.	2. An. minut.	3. An. minut.	4. An. minut.	minut.	Signes.
XXIX.		1	A	saint Remi, Arch.	4	34	29	29	40	f
XXVIII.	3	2	b	Les Sts. Anges G.	4	50	27	97	4	g
XXVII.		3	c	saint Fauste.	5	20	6	10	27	h
XXVI.	16	4	d	saint François.	5	43	49	33	5	i
XXV.	6	5	e	saint Placide	6	5	2	54	12	k
XXIV.	16	6	f	saint Bruno.	6	28	25	17	35	l
XXIII.	5	7	g	saint Serge.	6	50	48	59	57	m
XXII.		8	A	sainte Brigitte.	7	12	10	2	20	n
XXI.	13	9	b	*Saint Denis.*	7	36	32	25	42	o
XX.	2	10	c	sainte Tanche	7	57	52	56	4	p
XIX.		11	d	saint Nicaise	8	20	12	8	16	q
XVIII.	12	12	e	saint Edouard.	8	41	34	32	49	r
XVII.		13	f	saint Daniel, m.	9	2	8	8	11	ſ
XVI.	31	14	g	saint Caliste pape.	9	24	14	14	33	s
XV.	7	15	A	Ste. Thérése.	9	37	35	53	52	t
XIV.		16	b	saint Gal, Abbé.	10	7	9	9	13	u
XIII.	15	17	c	saint Florentin.	10	29	10	19	34	v
XII.	4	18	d	saint Luc Evang.	10	51	42	39	55	x
XI.		19	e	S. Pierre d'Alc.	11	12	2	0	16	y
X.	12	20	f	saint Caprais.	11	31	21	21	37	z
IX.	1	21	g	sainte Ursule.	11	32	45	42	57	&
VIII.		22	A	s. Mellon.	12	12	5	3	17	,
VII.	9	23	b	*Sol en Scorpion.*	12	31	24	23	38	A
VI.	17	24	c	saint Magloire.	12	49	41	42	17	b
V.	6	25	d	S. Cresp. S. Cresp.	13	8	3	1	10	c
IV.		26	e	saint Evariste.	13	38	12	22	36	d
III.	14	27	f	*Vigile & Jeûne.*	13	48	4	46	59	e
II.	3	28	g	*saint Simon s. Jude.*	14	8	5	1	19	f
I.		29	A	saint Narcisse, év.	14	28	22	17	30	g
*		30	b	saint Sérapion.	14	42	42	39	3	h
		31	c	S. Quentin, *Vigile.*						i

De l'état de l'homme humain.

En Octobre figurant soixante ans,
Si l'homme est riche cela est bonne heure,
Des biens qu'il a nourrit femme & enfans,
Plus n'est besoin qu'il travaille & labeure.

NOVEMBRE.

Je fais allumer maints tisons,
Novembre suis qui regne à plein,
Toute personne de façon,
Doit penser d'avoir pain & vin.

Et doit prier au souverain
Roi des Cieux pour son sauvement,
Car en mon temps il est certain,
Que tout meure naturellement.

Epact.	Nombre d'Or.	Jours.		NOVEMBRE.	Dég.	1. An. minut.	2. An. minut.	3. An. minut.	4. An. minut.	Signes.
T				*La Touſſaints.*	23	7	10	10	15	A
XXIX.	3	1	d	*Les Trépaſſez.*	23	2	50	5	10	b
XXVIII.		2	e	ſaint Marcel	22	59	58	2	52	c
XXVII.	11	3	f	S. Charles Borr.	22	50	52	54	40	d
XXVI.		4	g	ſaint Vital	22	4	25	49	42	e
XXV.	19	5	A	ſaint Leonard.	22	37	28	45	25	f
XXIV.	8	6	b	ſaint Baudin.	22	10	50	35	37	g
XXIII.		7	c	Les 4 Couronnez	22	22	22	27	17	h
XXII.	16	8	d	ſaint Mathurin.	22	14	4	18	11	i
XXI.	5	9	e	ſaint Martin pape.	22	4	9	9	2	k
XX.		10	f	*ſaint Martin.*	21	52	54	17	58	l
XIX.	13	11	g	ſaint René.	21	42	45	47	46	m
XVIII.	2	12	A	ſaint Brice.	21	30	35	27	9	n
XVII.		13	b	ſaint Bertrand.	21	22	25	28	0	o
XVI.	10	14	c	ſaint Malo.	21	10	34	18	9	p
XV.		15	d	ſaint Edme.	21	0	2	6	7	q
XIV.	18	16	e	ſaint Agnan.	20	47	50	55	0	r
XIII.	7	17	f	ſaint Odon.	20	35	38	43	43	ſ
XII.		18	g	ſainte Eliſabeth.	20	22	26	31	34	s
XI.	5	19	A	ſaint Edmond, R.	20	11	13	19	15	t
X.	4	20	b	La Préſent. N. D.	20	19	56	5	6	u
IX.		21	c	ſainte Cécile.	20	42	47	56	50	v
VIII.	12	22	d	*Sol en ſagittaire.*	19	28	33	17	19	x
VII.		23	e	ſaint Cryſogon.	19	13	18	24	26	y
VI.	9	24	f	ſainte Catherine.	19	0	3	10	52	z
V.		25	g	ste. Gen. des Ard.	18	25	42	56	58	&
IV.	17	26	A	ſainte Colombe.	18	28	34	37	43	,
III.	6	27	b	ſaint Soſtene.	18	12	18	22	27	A
II.		28	c	S. Saturnin, *Vigile.*	17	57	59	28	18	b
I.	4	29	d	*ſaint André.*	17	40	40	52	26	c
	3	30	e		17	28	28	36	36	d

De l'état de l'homme humain.

A ſoixante-ſix ans quand l'homme vient,
Repréſenté par le mois de Novembre,
Vieil & caduc & maladif devient,
Lors de bien faire eſt temps qu'il ſe remembre.

DECEMBRE.

Je suis Décembre courtois,
Qui sur tous doit être enjoué,
Car en mon temps le Roi des Rois
Fut de la Vierge enfanté.

Et délivré de son côté,
Dont le monde se réjouit,
L'honneur ait tout autre passé,
Quand en mon temps Jesus naquit.

Epacte.	Nombre d'Or.	Jours.		DECEMBRE.	Dég.	1. An. minut.	2. An. minut.	3. An. minut.	4. An. minut.	Signes.
XXIX.		1	f	ſaint Eloy.	17	1	2	15	20	A
XXVIII.	18	2	g	ſainte Babiane.	16	48	51	8	12	b
XXVII.		3	A	S. François Xav.	16	30	36	40	4	c
XXVI.	19	4	b	ſainte Barbe.	16	13	19	22	28	d
XXV.	8	5	c	ſaint Sabbas, Ab.	15	35	15	16	16	e
XXIV.		6	d	ſaint Nicolas.	15	57	40	40	5	f
XXIII.	5	7	e	ſaint Ambroiſe.	15	19	22	28	32	g
XXII.		8	f	*Conception N. D.*	15	1	3	9	13	h
XXI.	15	9	g	ſainte Léocade.	14	42	44	48	53	i
XX.	2	10	A	S. Melchiade, p.	14	21	24	29	34	K
XIX.		11	b	ſaint Damaſe, p.	14	10	6	10	16	l
XVIII.	10	12	c	ſaint Hermogen.	13	49	46	50	55	m
XVII.		13	d	ſainte Luce.	13	20	26	30	18	n
XVI.	18	14	e	ſaint Heron.	13	0	6	10	15	o
XV.	7	15	f	ſaint Meſmin	12	26	46	50	55	p
XIV.		16	g	*O ſapientia!*	12	18	26	2	34	q
XIII.	5	17	A	ſaint Lazare.	11	58	5	9	12	r
XII.	4	18	b	ſaint Gatien	11	37	44	18	52	ſ
XI.		19	c	ſaint Clément.	11	16	24	17	32	t
X.	12	20	d	ſaint Liberat.	10	54	0	5	11	u
IX.	1	21	e	*ſaint Thomas.*	10	31	39	44	47	v
VIII.		22	f	*Sol en Cap. L'H.*	10	19	17	22	27	x
VII.	9	23	g	ſainte Victoire.	9	47	55	2	10	y
VI.		24	A	*Vigile & Jeûne.*	9	26	33	18	41	z
V.	17	25	b	*NOEL.*	9	4	11	61	19	&
IV.	6	26	c	*ſaint Eſtienne.*	8	41	49	34	57	,
III.		27	d	*ſaint Jean l'Evang.*	8	19	27	12	25	A
II.	4	28	e	*les Innocens.*	7	27	25	13	8	b
I.		29	f	S. Thomas de C.	7	0	0	0	0	c
T	3	30	g	ſaint Sabin, mart.	0					d
		31	A	ſaint Sylveſtre.						

De l'état de l'homme humain.

Par Décembre toujours l'an ſe termine,
Ainſi fait l'homme aux ans ſoixante-douze,
Le plus ſouvent, car vieilleſſe le mine,
L'heure eſt venue que pour partir ſe houze.

EN ce présent Calendrier l'Epacte commence à regner le mois de Janvier, & le jour où se trouve l'Epacte, l'an courant ce sera le premier Jour de la Lune du mois, se trouvera ledit nombre d'Epacte de l'an courant, ou à peu près d'un jour, & principalement en l'an Bissexte.

TABLE DU NOMBRE D'OR, ÉPACTE ET FESTES Mobiles pour dix ans.

Ans de N. Seigneur.	Lettres Dominical.	Nombre d'Or. . .	Epacte.	Cycle Solaire . .	Septuagésime. . .	Les Cendres. . . .	Pâques	Pentecôte.	Fête-Dieu	L'Avent . . . . . .
1770	g	4	3	15	11 Fév.	28 Fév.	15 Avril.	3 Juin.	14 Juin.	2 Déc.
1771	f	5	14	16	27 Janv.	13 Fév.	31 Mars.	19 Mai.	30 Mai.	1 Déc.
1772	e d	6	25	17	16 Fév.	4 Mars.	19 Avril.	7 Juin.	18 Juin.	29 Nov.
1773	c	7	6	18	7 Fév.	24 Fév.	11 Avril.	30 Mai.	10 Juin.	28 Nov.
1774	b	8	17	19	30 Janv.	16 Fév.	3 Avril.	22 Mai.	2 Juin.	27 Nov.
1775	A	9	28	20	12 Fév.	1 Mars.	16 Avril.	4 Juin.	15 Juin.	3 Déc.
1776	g f	10	9	21	3 Fév.	21 Fév.	7 Avril.	26 Mai.	6 Juin.	1 Déc.
1777	e	11	20	22	26 Janv.	12 Fév.	30 Mars.	18 Mai.	29 Mai.	30 Nov.
1778	d	12	1	23	13 Fév.	4 Mars.	19 Avril.	7 Juin.	18 Juin.	29 Nov.
1779	c	13	12	24	31 Janv.	17 Fév.	4 Avril.	23 Mai.	3 Juin.	28 Nov.

DES PARTITIONS LUNAIRES.

Il convient qu'entre le 7 & le 8 de la Lune se fait le premier Quartier, & entre le 14 & le 15 se fait la pleineur d'icelle Lune, & entre le 22 & le 23 se fait le dernier Quartier, & entre le 29 & le 30 se fait la nouvelle Lune, & ainsi toujours perpétuellement.

En l'an Bissexte la Lettre Dominicale se change le Dimanche le plus proche de la Saint Matthias, & la Lettre F, demeure deux toujours à savoir les 24 & 25, puis G commence à regner avec les autres Lettres.

Exhortation

EXHORTATION POUR LE SALUT DE L'AME,

faite par maniere de double ballade.

HElas ! pourquoi prends-tu ſi grand plaiſir ?
Homme abuſé plein de préſomption,
En ce monde on n'a que déplaiſir,
Envie, orgueil, guerre, diſſention,
Bien malheureuſe eſt ton affection,
Que penſe-tu, as-tu plus grande envie,
Qui les mondains à la mort d'enfer mene ?
Bonne choſe eſt de vivre en joie certaine :
Las ! tu ſais bien ſi tu n'es inſenſible,
Que c'eſt choſe forte, voir impoſſible,
D'avoir ici ton aiſe entierement
Et après mort là-haut pareillement,
Hélas ! pourtant change de condition
Et te raviſe, ou tu es autrement
Homme défait à perdition ;
Lequel veux-tu ou vie ou mort choiſir ?
Choiſir ces deux tu as diſcrétion,
Aime-tu mieux de ton cœur le déſir
Pour ton ame mettre à perdition,
Que vivre un peu en tribulation ?
Et après mort rend ton ame ravie,
Etre ne peut en cette vie humaine,
Et ſi ne laiſſe terre, domaine,
Et pere, mere s'il eſt poſſible,
Vivre en peine & en labeur terrible :
En ſervant Dieu toujours patiemment ;
C'eſt le chemin qui conduit ſûrement
Après trépas l'homme à ſalvation,
Et qui va autrement va à damnation,
Homme deſſais à perdition,
Cuides ici toujours avoir loiſir,
D'avoir pardon ſans ſatisfaction ;
Et toute nuit en blanc lit mol géſir,
Puis à ce jour ſans opération
Paſſer le temps en délectation,
Tant que du tout la chair ſoit aſſouvie ;
Penſe-tu point qu'il faille que ce devie,
Et qu'elle prenne fin, ô puiſſance mondaine ?
Hélas ! oui, car la mort viendra ſoudain
En moins d'une heure avec ſon dard horrible,
Si à ce coup c'eſt choſe invincible
Et pas loiſir n'aura aucunement
De dire à Dieu, *Peccavi* ſeulement ;
Ainſi moura-t-on ſans contrition,
Dont tu ſeras tôt par divin jugement
Homme défait & à perdition ;
Homme en péril ſache certainement,
Que tu n'as autre dévotion,
De t'amender & voir briévement,
Tu te verras un jour ſubitement
Homme défait & à perdition.

Ci-après s'ensuivent les peines de l'Enfer & communication des péchez mortels pour punir les pécheurs & pécheresses, comme raconta le Lazare, après qu'il fut ressuscité, ainsi qu'il avoit vû en Enfer, & comme il appert par les Figures & Histoires suivantes, mises par ordre l'une après l'autre, avec la déclaration desdits péchez.

NOtre Sauveur Jesus-Christ, un peu devant sa Passion, étant en Béthanie entra dans la maison du nommé Simon pour prendre sa réfection corporelle, & comme il étoit à table avec ses Apôtres & Disciples, le Lazare, frere de Marie-Magdeleine qu'il avoit ressuscité, de laquelle chose doutoit ledit Simon. Notre Seigneur commanda audit Lazare qu'il dît en sa compagnie ce qu'il avoit vu en l'autre monde : alors le Lazare raconta comme il avoit vu en Enfer les orgueilleux & orgueilleuses en grandes peines, & conséquemment les autres entachés de quelques péchés, comme s'ensuit.

Premierement, dit le Lazare, j'ai vu des roues en Enfer très-hautes en une montagne, situées en la maniere de moulins, continuellement en grande impétuosité tournantes, lesquels roues avoient crampons de fer où étoient les orgueilleux & orgueilleuses pendus & attachés.

Orgueil entre les autres, est comme soi maître & capital ; & comme un Roi a grande compagnie de gens ; ainsi orgueil a grande compagnie de à d'autres vices.

Et ainsi que les Rois gardent bien ce qui est à eux ; ainsi fait orgueil sur lesquels a Seigneurie : Grand signe de reprobation est si on y persévére longuement. Orgueil est donc un péché qui déplaît à Dieu sur tous autres vices, autant comme humilité lui est plaisante entre toutes les vertus, & n'est péché que tant fasse sembler l'homme au diable comme fait son orgueil ; car l'orgueilleux ne veut être comme les autres ; mais faut qu'il soit comme le Pharisien avec les diables.

Et pour ce que l'orgueilleux se veut élever sur les autres hommes, le diable en fait comme l'oiseau de la coquille d'une noix dure qu'il ne peut casser de son bec, lequel la porte en haut & la laisse tomber dessus une pierre pour la casser, puis descend & la mange. Ainsi le diable éleve les orgueilleux : Les orgueilleux & les humbles sont comparez à la paille & au grain, la paille est légere & veut monter en haut, & le vent l'emporte, le grain est pesant & demeure sur la terre & est mis au grenier du Seigneur : Ainsi les orgueilleux élevez sont précipités dans l'Enfer, & les humbles vont en Paradis.

Secondement, dit le Lazare, j'ai vu un fleuve dans lequel les Envieux & Envieuses étoient plongés jusqu'au nombril, & pardessus les frappoit un très-horrible froid, & quand ils les vouloient exciter ils se plongeoient autour.

ENvie est une douleur au cœur du bien d'autrui, lequel péché est damnable, parce qu'il est contraire à la charité; c'est un signe de réprobation, par lequel le diable connoît ceux qui seront damnez, ainsi que la charité est signe de salvation, par lequel Dieu connoît ceux qui seront sauvés. Les envieux sont compagnons du diable, car si le diable gagne, ils se réjouissent avec lui, & s'il ne réussit pas dans ses entreprises ils en sont marris : les envieux sont tellement infectez & corrompus que les bonnes odeurs leurs sentent mauvais & les

& corrompus que les bonnes odeurs leurs ſentent mauvais, & les choſes douces ameres, ce ſont les bonnes renommées & proſpérités des autres; mais les choſes puantes & amères leurs ſont douces, comme vos vices diffames, adverſités & infortunes contraires qui arrivent aux autres. Les envieux qui cherchent leur bien & ſe réjouiſſent du mal d'autrui; il profite comme celui qui cherche le feu en l'eau, ou des raiſins ſur des épines, ce qui eſt grande folie. Envie n'eſt que ſur les félicités & biens de ce monde, car la maudite envie ne peut jamais monter au ciel. C'eſt un péché difficile à guérir, parce qu'il eſt ſecret; car il eſt au cœur, auquel les médecines ſont difficiles à mettre, c'eſt pourquoi on a de la peine à en guérir.

Troiſièmement, dit le Lazare, j'ai vu une cave & la plus obſcure pleine de tables, d'étaux comme d'une boucherie, où les Ireux étoient tranſpercés de glaives tranchans & coûteaux aigus.

AInſi comme la paix fait la conſcience habitation de Dieu; ainſi ire le fait habitation du diable: ire offuſque l'œil de raiſon; car en l'homme colere la raiſon n'eſt point. Il n'eſt choſe en l'homme qui repréſente tant l'Image de Dieu que la douceur, paix & amour; car Dieu veut être en la paix, mais l'ire le chaſſe d'avec l'homme, tellement que Dieu n'y peut demeurer nullement.

L'homme colere eſt ſemblable à un démoniacle, qui a l'ennemi en ſon corps, par quoi ſe tourmente & écume par la bouche, & grince les dents de douleur que l'ennemi lui fait. Ainſi l'homme ireux eſt tourmenté par la colere, & fait ſouvent plus que les démoniacles; car ſans patience il bat les uns & les autres, dit des injures & blaſphêmes, donne ſon corps & ſon ame au diable, & fait pluſieurs choſes hors du bon ſens. Par la colere le diable gagne quelquefois toute une génération, ou tout un pays, laquelle choſe arrive ſouvent par un homme ſeul, comme un chien ireux émeut & met en noiſe pluſieurs autres chiens. Le pécheur trouble l'eau, afin que le poiſſon ne puiſſe voir les filets & ſe mettre dedans. Ainſi le diable trouble l'homme par l'ire, afin qu'il ne connoiſſe le mal qu'il fait.

Quatrièmement, dit le Lazare, j'ai vu une horrible & ténébreuse sale, où il y avoit des serpens gros & menus, dont les paresseux étoient assaillis & navrez en diverses parties du corps jusqu'au cœur.

Paresse est tristesse des biens spirituels, qui ordonnent l'Homme Dieu, parquoi on laisse à servir Dieu de cœur comme on doit de la bouche & par bonnes œuvres. Qu'il faut aimer Dieu, & le reconnoître Créateur de tous les biens qu'on reçoit chaque jour.

C'est une imbécilité, opprobre, témérité & grande folie quand par paresse en cette vie on ne quitte les biens temporels pour la vie éternelle; mais plusieurs sont propres à faire du bien & diligens à faire du mal; que s'ils étoient aussi diligents à bien faire qu'à mal-faire, ils seroient bienheureux : celui qui pensera bien commencer, après la mort ne pourra bien faire, & n'aura que le bien qu'il aura fait en sa vie, & sera bien dolent avec regret de n'avoir pas profité du temps. Il faut donc fuir la paresse & s'adonner à la vertu contraire à ce péché, considérant que plusieurs maux viennent de la paresse; il y en a de deux sortes, l'une est la paresse de se convertir à Dieu, l'autre est la paresse de se confesser, lesquels maux sont dangéreux, car en différant de se convertir & confesser souvent plusieurs meurent en très-grand danger & péril de leurs ames; car il est bien difficile de pouvoir bien mourir après avoir mal vêcu.

Cinquièmement, dit le Lazare, j'ai vu des chaudieres pleines d'huile bouillante, plomb & autres métaux fondus, dans lesquels étoient plongés les avaricieux & avaricieuses, pour les punir de leurs avarices.

ON doit savoir que l'Avaricieux est inique à Dieu, car il aime mieux gagner un denier que l'amour de Dieu, & aime mieux perdre Dieu que de perdre une maille. Car souvent pour peu de chose il rénie ou jure ou se parjure & péche mortellement. La foi, l'espérance & la charité qu'on doit avoir pour Dieu, les Avaricieux les mettent en leurs richesses. Premierement, la foi, car ils croyent mieux avoir les choses nécessaires par leurs richesses que de Dieu; comne si Dieu n'étoit pas tout puissant pour secourir ses serviteurs: après ils ont encore espérance d'avoir plus de joie de leurs richesses que Dieu ne leur en sauroit donner. L'avaricieux a de l'attache pour ses biens, & non pas pour Dieu. Là où est le cœur est l'amour, & l'amour est la charité; ainsi l'avaricieux met toutes ses affections en ses richesses, dont il perd la vie éternelle pour acquérir des biens temporels. Les Avaricieux ressemblent aux chiens qui gardent la charcgne quand leurs ventres en sont pleins, crainte que les oiseaux n'en mangent, ainsi l'Avaricieux retient les biens que les pauvres doivent manger.

Sixièmement, dit Lazare, j'ai vu en une vallée un fleuve fort puant, au rivage duquel étoit une Table, avec tailles deshonnêtes, où les gloutons & gloutonnes étoienr repus de crapaux & autres bêtes venimeuses, & abbreuvez de l'eau dudit fleuve.

LA gorge est la porte du château du corps de la personne, mais quand les ennemis veulent prendre le château, s'ils gagnent une fois la porte ils auront bien-tôt le château. Ainsi le diable gagne la gorge de l'homme par gloutonnerie, il aura bien-tôt le reste & entrera dedans le corps avec sa compagnie; car les gloutons s'adonnent à tous vices, & pour cette cause il est nécessaire de faire bonne garde à cette porte de crainte que le diable ne la gagne, car quand on tire un cheval par la bride on le mene où l'on veut, ainsi fait le diable à l'homme glouton; car le corps rempli de vin & de viandes, n'est capable de faire aucunes bonnes œuvres; par la gloutonnerie plusieurs sont morts qui eussent vêcu longuement, ains ont été homicides d'eux, car les excès de boire & de manger abrégent la vie: Ceux qui boivent & mangent sans heure & sans mesure sont semblables aux pourceaux, qui sont les plus vils animaux.

Septiémement, dit le Lazare, j'ai vu en une Montagne des puits profonds pleins de feu & de soufre, dont il sortoit une fumée trouble, dont les Luxurieux & les Luxurieuses étoient tourmentés.

De tous les sept péchés mortels, Luxure est le plus agréable au diable, pource qu'il macule le corps & l'ame ensemble, parquoi il gagne deux personnes, & aussi parce qu'il se vente n'en être point entaché. En quoi semble le Luxurieux être plus difforme que le diable par la souillure de ce déteſtable péché. Le Marchand est bien fol & outre cuidé qui se charge de marchandise, qu'il sait fort bien qu'il s'en repentira après, ainsi le Luxurieux qui a beaucoup de peine & dépense ses biens pour accomplir sa malheureuse volonté, dont se repent de la peine prise, & de ses biens dépensés; mais il n'est pas quitte pour se repentir; ainsi faut faire pénitence. Pour ce maudit & damnable péché de Luxure, notre Seigneur envoya le déluge sur la terre, en sorte que toutes les créatures vivantes, tant hommes que femmes, enfans, bêtes & oiseaux furent tous noyez, submergés & mis à mort, excepté le bon homme Noé & sa Famille, & ce que Dieu lui commanda de reserver, lesquels se sauvérent en l'Arche par le commandement du divin Créateur. Par ce maudit péché les Cités de Sodôme & Gomorre & autres furent abîmées, & tous ceux & celles qui y étoient furent morts, confondus & péris, à la reserve du qui y étoient furent morts, confondus & péris, à la reserve du juste Loth, sa Femme & ses deux Filles que Dieu en voulut préserver, & pour cet abominable péché une infinité de maux, adversités, famines, guerres & pestilence en sont arrivés sur la terre par punition, ainsi qu'il est écrit en la sainte Bible & autres Livres. Le luxurieux vivant en son péché est tourmenté en enfer de trois tourmens, de chaleur, de puanteur & de remords de conscience, car il brûle par sa concupiscence, il est puant de son infâmeté. Ce péché est toute puanteur qui macule le corps & l'ame que tous les autres péchés ne maculent point, sinon qu'ils maculent l'ame; si n'est point luxure sans remords de conscience de l'offense qu'on a faite à Dieu. Luxure est la fosse du diable, en laquelle il fait tomber les pécheurs & pécheresses, lesquels plusieurs aident au diable à se précipiter dedans, quand à escient vont près de la fosse en laquelle ils savent bien que le diable les veut faire tomber. Pour éviter tout cela il ne faut point fréquenter la femme de mauvaise vie, & encore de ne la regarder jamais, & très-bon est de ne la point toucher. A ce péché conduit de sales paroles, vilaines chansons & attouchemens deshonnêtes qui sont de luxure, parquoi on péche souvent, lesquelles paroles & chansons deshonnêtes ne font point de honte aux personnes qui sont adonnées à ce vilain péché, comme sont rufiens & rufiennes, paillards & paillardes, & tous ceux qui fréquentent & aiment hanter leur compagnie, ou qui aiment & désirent persévérer en ce vilain péché de Luxure.

Fin de la seconde Partie du Compôt & Calendrier des Bergers, & conséquemment les déclarations des peines de l'enfer correspondantes aux péchés mortels & damnables.

LA

LA TROISIÉME PARTIE DU COMPOST DES BERGERS, *qui est science salutaire, ou champ des vertus.*

QUiconque veut faire porter fruits à une terre inabondante, premiérement on doit ôter toutes choses nuisible, & après la bien labourer & remplir de toutes bonnes semences.

Ainsi l'homme doit nettoyer sa conscience de tous péchés, la cultiver par des saintes méditations, & y semer de bonnes vertus, pour recueillir la vie éternelle, afin d'avoir son desir accompli de vivre longuement.

Puis donc que ci-devant a été parlé des vices, quoique legerement, il convient après parler des vertus en cette troisième Partie du présent Livre, laquelle sera comme un petit Jardin plaisant, plein de fleurs & arbres, auquel la personne contemplative se pourra consoler, & par bons enseignemens y cueillir plusieurs vertus & soi édifier un bon exercice dont sera ornée son ame devant son Epoux Jesus-Christ quand il la viendra visiter pour demeurer avec elle. Au commencement de laquelle Partie sera l'Oraison Dominicale, avec l'explication pour la mieux entendre, elle contiendra six Parties. La premiere sera la déclaration de l'Oraison de notre Seigneur. La seconde, la Salutation Angélique, la troisième, les douze Articles de la Foi Catholique. La quatrième, les dix Commandemens de la Loi. La cinquième, les six Commandemens de la sainte Eglise. La sixième est le champ des Vertus. Pour la premiere, qui est l'Oraison de notre Seigneur, quand nous la disons nous demandons à Dieu suffisamment toutes choses nécessaires pour le salut de nos ames & de nos corps, non pas seulement pour nous, mais pour tous les autres, & pour cette cause on doit savoir ladite Oraison & la dire avec grande dévotion. On la doit apprendre avec grand soin aux jeunes gens, afin qu'en la récitant dévotement ils attirent sur eux la miséricorde de Dieu. Ladite Oraison contient sept pétitions & requêtes qu'on doit à Dieu quand on la dit, & par ces pétitions, on peut entendre sept autres choses bien singulieres & nécessaires pour le salut de l'ame; c'est-à-savoir, les sept Sacremens de la sainte Eglise, lesquels on doit croire fermement. Les sept Dons du S. Esprit lesquels humblement doivent être reservés; les sept armures de justice spirituelle qu'on doit vêtir pour combattre contre les vices; les sept œuvres de miséricorde spirituelles, & les sept de miséricorde corporelles, lesquelles on doit faire & accomplir. Les sept Vertus principales, lesquelles diligemment on doit acquérir ; & pour les sept services capitaux, qui sont péchés mortels, lesquels tout homme doit éviter & fuir, la déclaration est telle.

Ci-après s'ensuit ladite Oraison Dominicale que notre Seigneur apprît à ses Apôtres, & la déclaration d'icelle.

N*Otre Pere qui êtes aux Cieux, votre Nom soit sanctifié.* Par laquelle Pétition nous prions Dieu notre Pere & Créateur que soyons ses enfans, car autrement ne pourroit être dit notre Pere, & que son saint Nom soit sanctifié, de nous plus que nul autre, parquoi recevons le saint Sacrement de Baptême, sans lequel personne ne peut être appellé Fils de de Dieu, ni sanctifier son Nom, & recevons le Don du St. Esprit, dit le Don de Sapience, pour savoir honorer & révérer Dieu le Fils. Nous vêtons l'haubergeon d'humilité cotre le péché d'Orgueil, & ayant grand compassion des pauvres indigens, acquérons en nous la vertu de Prudence, & évitons le péché d'Ogueil.

La seconde Pétition. *Votre Royaume nous avienne.* Laquelle pétition portant que le Nom de Dieu ne peut être par nous sanctifié en ce monde, lui requérons son bienheureux Royaume, auquel parfaitement le sanctifierons, & duquel serons héritiers comme ses bons & vrais enfans. Laquelle pétition nous donne à entendre le saint Sacrement de Prêtrise par laquelle nous sommes instruits à faire de bonnes œuvres, & le don du du St. Esprit, dit don d'Entendement, pour savoir désirer le bienheureux Royaume de Paradis. Si nous voulons nous armer du bouclier de largesse contre l'avarice, donnons à manger à ceux qui ont faim corporellement, corrigeons les dissolutions spirituellement, & fuyons le péché d'avarice, ainsi acquérons en nous la vertu de force.

La troisième Pétition. *Votre volonté soit faite en la Terre comme au Ciel.* Car c'est la voie pour aller au Royaume du Paradis & faire la volonté de notre Seigneur, c'est que ses Commandemens soient accomplis. Par cette pétition lui faisons béissance de nos cœurs quand lui requérons faire sa volonté, que nous donne à entendre le Sacrement de Mariage, par lequel on évite fornication, & le don du Conseil du St. Esprit pour véritablement ordonner notre obédience, dont nous armons du bouclier de consolation contre l'Envie & donnons à boire à ceux qui ont soif corporellement, & enseignons les ignorans spirituellement, parquoi nous mériterons les vertus de Justice & éviteront le péché d'Envie.

La quatrième Pétition. *Donnez-nous aujourd'hui notre pain quotidien.* Par laquelle pétition nous prions Dieu d'être substantés du pain matériel pour nos corps & du pain spirituel pour nos ames, c'est le pain de vie du Corps de Jesus-Christ, parquoi nous recevons le saint Sacrement de l'Autel en mémoire de sa Passion, & désirons avoir le Don de force du saint Esprit pour être ferme en la Foi Chrétienne, prenons le glaive de Sapience contre le péché d'Ire, visitons les malades corporellement & pacifions les discordes spirituellement, acquérons en nous la vertu de Tempérance & fuyons le mauvais péché d'Ire.

La cinquième Pétition est; *Et pardonnez-nous nos péchés comme nous les pardonnons.* Par les trois Pétitions précédentes nous requérons à Dieu que nous soyons délivrés de tous nos maux qui sont en grand nombre, ceux qui les ont commis & commettent péchent mortellement, & par cette priere nous demandons à notre Seigneur que nous soyons absous par sa sainte miséricorde, en quoi nous entendons le Sacrement de Pénitence & la rémission des péchés, le Don du saint Esprit, qui est de science pour savoir bonnes œuvres & éviter les vices; & visitons & confortons les pauvres prisonniers corporellement, donnons bon conseil aux désolés & déconfortés spirituellement, ayons en nous la vertu de foi & évitons le péché de paresse.

La sixième Pétition. *Ne souffrez point que nous soyons vaincus en tentation.* Pour le second mal qui n'est commis, mais peut avenir & y pouvons enchoir par moyen de tentation, si requérons à Dieu par cette pétition que nous soyons fermes & persévérions en bonnes œvres & en la vertu d'espérance & force pour résister aux tentations, à quoi nous peut servir le Sacrement de Confirmation, qui nous donne certitude du bien que nous espérons, moyennant le Don de vérité du saint Esprit qui nous a fait persévérer en notre créance. On doit aussi prendre la lance de sobriété contre le péché de Gloutonnerie, & recevoir en sa maison les pauvres Pélerins étrangers; pardonner les offenses à soi faites spirituellement, car ainsi on acquiert l'Espérance, & l'on évite le péché de gloutonnerie.

La septième Pétition. *Mais délivrez-nous du mal. Amen.* Le tiers mal est de peine & de toute chose qui empêche de servir Dieu, duquel mal & de tous nous prions d'être délivrés, & que nous soyons en Paradis, disant, *Amen*; c'est-à-dire, Ainsi soit-il, comme nous désirons, parquoi recevons le Sacrement d'Extrême-Onction qui nous donne assurance de la voie du salut avec le Don du saint Esprit, parquoi nous doutons du divin Jugement; & ceignons nos reins du baudrier de chasteté contre le péché de Luxure. Nous ensevelissons les morts corporellement & prions pour nos ennemis spirituellement, acquérons en nous la vertu de Charité & évitons le péché de Luxure.

Ample déclaration de la Pâtenôtre.

NOtre Pere très-merveilleux en création, doux à aimer, riche de tous biens, qui est au Ciel, Miroir de Trinité, Couronne de Jacondie & de Trésor de félicité. Votre Nom soit sanctifié tant qu'il soit miel en notre bouche, car doucement sonnante en nos oreilles & dévotion, persévérence en nos cœurs. Votre Royaume nous avienne, auquel serons toujours joyeux sans tristesse, son repos sans tribulation & assuré de ne le perdre. Votre volonté soit faite en la Terre comme au Ciel, si nous aimions ce que vous aimez, & haïssions ce que vous haïssez, & que nous fassions vos Commandemens. Donnez-nous aujourd'hui notre pain quotidien, c'est-à-savoir, pain de Doctrine, pain de Pénitence, & pain pour substanter nos corps. Et nous pardonnez nos péchés que nous avons faits contre vous, contre nos prochains & contre nous-même, ainsi que nous pardonnons à ceux qui nous ont offensé ou par paroles, ou en nos corps, ou en nos biens. Et ne souffrez que nous soyons vaincu en tentation, c'est-à-savoir du monde, de la chair & du diable. Mais gardez-nous du mal, soit passé, présent ou avenir. *Amen.*

Laquelle Oraison notre Seigneur Jesus-Christ fit, afin que plus grande espérance & dévotion y ayons. Ce fut quand une fois il enseignoit sa Doctrine à ses Apôtres, & les exhortoit spécialement de faire Oraison. Alors le prierent humblement, disant : Seigneur & Maître apprend-nous à prier, lors notre Seigneur ouvrit sa bouche sacrée, & dit à ses Apôtres :

Quand vous voudrez faire Oraison à Dieu, vous direz :

NOtre Père qui êtes ès Cieux. Votre Nom soit sanctifié. Votre Royaume nous avienne. Votre volonté soit faite en la Terre comme au Ciel. Donnez-nous aujourd'hui notre pain quotidien. Et nous pardonnez nos offenses comme nous les pardonnons. Et ne souffrez pas que nous soyons vaincu en tentation. Mais délivrez-nous du mal. *Amen.*

La Salutation que fit l'Ange Gabriel à la Sainte Vierge.

Secondement, au Livre de Jesus est l'*Ave Maria*, & est tel :

JE vous salue Marie, pleine de grace ; le Seigneur est avec vous : vous êtes bénie entre toutes les femmes ; & Jesus le fruit de vos entrailles est béni. Sainte Marie, Mere de Dieu, priez pour nous pauvres pécheurs, maintenant & à l'heure de notre mort. Amen.

En cet *Ave Maria*, sont trois Mystères. Le premier est la Salutation que fit l'Ange Gabriël. Le second est la louange que fit sainte Elisabeth. Le troisième est la priere faite par notre sainte Mere Eglise.

Ce sont les plus belles paroles que nous puissions dire à Notre-Dame que l'*Ave Maria*, quand nous la saluons & prions : Et pource on le dit seulement à elle & non à autre ; & si tu demande comment donc prirons nous les Saints ? je te répond qu'on les doit prier de même que la sainte Eglise, en disant à St. Pierre, priez pour nous, à St. Etienne, priez pour nous, Ste. Barbe, priez pour nous, St. Claude, priez pour nous, qu'il nous donne sa grace & nous pardonne nos péchés, & que nous puissions garder ses Commandemens, ainsi aux autres Saints qu'on voudra nommer.

Troisièmement, au Livre de Jesus & Science salutaire est le Credo, *où sont les douze Articles de la Foi que nous devons croire sur peine de damnation.*

S. Pierre.

1. Je crois en Dieu le Pere tout-puissant, créateur du Ciel & de la Terre.

s. André.

2. Et en Jesus-Christ son Fils, un seul Dieu notre Seigneur.

s. Jacq. le grand.

3. Qui fut conçu du saint-Esprit, né de la Vierge Marie.

s. Jean.

4. A souffert sous Ponce-Pilate, fut crucifié, mort & enseveli.

s. Thomas.

5. Descendit aux Enfers, le tiers jour ressuscita de mort.

s. Jacq. le min.

6. Monta ès Cieux, & sis à la dextre de Dieu le Pere.

S. Philippe.

7. Et après viendra juger les vivans & les morts.

s. Barthelemi.

8. Je crois au Saint-Esprit.

s. Matthieu.

9. La Ste. Eglise Catolique.

s. Simon.

10. La Communion des Saints.

s. Jude.

11. La Rémission des péchés.

s. Matthias.

12. La résurrection de la chair ; la vie éternelle. Amen.

CE *Credo* a été fait & composé des douze Apôtres de notre Seigneur Jesus-Christ, desquels un chacun a mis son Article, comme il est montré par Personnages contenus en l'Histoire, tant d'une part que d'autre, & est notre Foi Catholique contenue en ces douze Articles, qui est le commencement de notre salut, sans lequel nul ne peut être sauvé; aussi la Foi doit être empreinte au cœur par connoissance de Dieu, en la bouche par confession & louange d'icelui en opération par exercice de ses Commandemens & bonnes œuvres, lesquels démontrent ceux qui les font, avoir vraie Foi & vive, c'est-à-dire, pour les sauver, & combien que la Foi du cœur soit bonne, & celle de la bouche aussi, toutefois la meilleure est celle qui gît aux bonnes œuvres que l'on fait, & est une même foi qui est en la bouche & au cœur, il n'est qu'une Foi comme un Dieu.

S'ensuit donc le *Credo*, duquel saint Pierre a mis le premier Article, disant: Je crois en Dieu le Pere tout-puissant, Créateur du Ciel & de la Terre. Saint André. Je crois en Jesus-Christ son Fils unique un seul Dieu. Saint Jacques le grand. Je crois qu'il fut conçu du Saint-Esprit, né de la Vierge Marie. Saint Jean. Je crois qu'il souffrit sous Ponce-Pilate, fut crucifié, mort & enseveli. Saint Thomas. Je crois qu'il descendit aux Enfers, & le troisième jour il ressuscita de la mort. Saint Jacques le Mineur. Je crois qu'il monta aux Cieux, sis à la dextre de Dieu le Pere tout-puissant. Saint Philippe. Je crois au Saint-Esprit. Saint Matthieu. Je crois en la Sainte Eglise Catholique. Saint Simon. Je crois à la Communion des Saints. La rémission des péchés. Saint Jude. Je crois la résurrection de la chair. Saint Matthias. Je crois la vie éternelle. *Amen.*

Tout homme & femme doit donc savoir ce saint *Credo*, puisqu'il a l'usage de raison, & le doit dire le matin & le soir chaque jour dévotement, car c'est une grande dévotion. Parquoi le bon Chrétien quand il se leve de son lit & est habillé, se doit agenouiller & premierement faire le signe de la Croix, puis dire, *Credo in Deum.* Je crois en Dieu le Pere tout-puissant, comme ci-dessus est dit. Après faut dire le *Pater noster*, à Dieu & à Notre-Dame l'*Ave Maria*, se recommander à son bon Ange, en lui disant; mon bon Ange gardez-moi bien: Pareillement au soir quand on va se reposer, on le doit dire aussi le matin.

LES DIX COMMANDEMENS DE DIEU.

1. UN ſeul Dieu tu adore-
ras,
Et aimeras parfaitement.

2. Dieu en vain tu ne jureras,
Ni autre choſe pareillement.

3. Les Dimanches tu garderas,
En ſervant Dieu dévotement.

4. Pere & Mere honoreras,
Afin de vivre longuement.

5. Homicide point ne feras,
De fait ni volontairement.

6. Luxurieux point ne ſeras,
De corps ni de conſentement.

7. Le bien d'autrui tu ne prendras, Ni retiendras à ton eſcient.
8. Faux témoignage ne diras, Ni mentiras aucunement.
9. L'œuvre de chair ne déſireras, Qu'en Mariage ſeulement.
10. Biens d'autrui ne convoiteras, Pour les avoir injuſtement.

QUatrièmement, au Livre de Jeſus ſont les dix Commandemens de la Loi que doivent garder & accomplir ſur peine d'être damnez, hommes & femmes qui ont l'uſage de raiſon, car ſans connoiſſance d'iceux Commandemens, convenablement on ne peut éviter le péché, ni connoître la Foi, confeſſer véritablement, parquoi l'ignorance d'iceux venue par déſir, affection, condamnent, & pour ce notre Seigneur manda qu'on les eût en méditation en ſa maiſon & hors, en donnant & en veillant, & en toutes bonnes œuvres, ainſi en étant obligé à les garder, afin que celui qui jamais n'en eût oui parler, les puis apprendre.

Et cela fait connoître que l'ignorance des Commandemens eſt périlleuſe, parquoi que chacun s'étudie de les ſavoir & les apprendre à ceux de qui on rendra compte. Mets toutes ces affections à garder la Loi, & quatre bénédictions de Dieu deſcendront ſur toi, car tu ſeras paiſible en ta Cité ſans adverſité, ne ſouffriras aucun déſaſtre, ton champ ſera fertile, ton bled & ton froment viendront à maturité, & auſſi je t'aſſure que ta femme aura fécondité & affluence de tous biens. Dieu te gardera de mauvaiſe ſtérilité, car la terre aura en abondance fruits & biens.

LES COMMANDEMENS DE L'EGLISE.

1. LES Dimanches Messes ouiras
Et Fêtes de commandement.

2. Tous tes péchés confesseras,
A tout le moins une fois l'an.

3. Et ton Créateur recevras,
Au moins à Pâques humblement.

4. Les Fêtes tu sanctifieras,
Qui te sont de commandement.

5. Quatre-Temps, Vigiles jeûneras,
Et le Carême entierement.

6. Vendredi chair ne mangeras,
Ni le Semedi pareillement.

CInquièmement, au Livre de notre Seigneur sont les six Commandemens de notre Mere sainte Eglise. Que ceux & celles qui ont l'usage de raison doivent garder selon qu'il leur sera possible, pour ce que si l'homme ou la femme qui ne se pourroient confesser, ou ouir la Messe, ou recevoir le précieux Corps de notre Seigneur à Pâques, ou garder les Fêtes commandées, ou les Jeûnes d'obligation quand ils auroient bonne volonté d'y obéir, j'açoit qu'ils fussent légitimement empêchés, ils ne pécheront point, mais pourtant se gardent l'homme & la femme du maudit péché d'Avarice ou Paresse, ou désir d'aller voir aucuns déportemens mondains en déprisant notre Mere sainte Eglise. Se garder aussi de transgresser les susdits Commandemens afin qu'ils n'encourent damnation éternelle, de quoi nous préserve la miséricorde de notre Sauveur Jesus-Christ.

Ici est à noter que la transgression des Commandemens de notre Mere sainte Eglise est péché mortel, & par conséquent damnation éternelle, comme fait l'obligation des dix Commandemens de la Loi que notre Seigneur

Seigneur donna à Moyse, car ceux qui entendent les Prêtres faisant ses Commandemens à l'Eglise le Dimanche à la Messe Paroissiale, & accomplissent iceux Commandemens, entendent Notre Seigneur & font sa volonté : mais ceux & celles qui méprisent les Prêtres & ne font leurs commandemens selon l'ordonnance de notre Mere sainte Eglise, méprisent Notre Seigneur, & péchent mortellement.

LE COMMENCEMENT DU JARDIN OU CHAMP des Vertus.

O Dieu hautain du Firmament,
Mon vaisseau est infecté d'ordure !
Par mon mauvais gouvernement,
Nage en mer en grande aventure :
Le vaisseau est la créature,
Et tout ce qui lui appartient ;
Car delit mondain qui peu dure,
Dont peu souvent nous en souvient.
Naturellement cheminant
Il me convient un jour avant,
Et si ne sçaurois gouverner
Mon vaisseau derriere ou devant ;
J'en ai le cœur triste & dolent,
Moi qui suis encor jeune d'âge ;
Car je m'en vais tout en dormant
Comme passe vent & orage.
Néanmoins à Dieu je commets
Mon voyage & mon affaire,
Et en sa grace je me mets,
Mieux je ne me saurois retraire ;
Il fait ce qui est nécessaire,
S'il le requiert après tous dits,
Qu'enfin aye pour mon salaire
Le Royaume de Paradis.
Hélas ! la dure départie,
Quand on ne trouve point de Port !
Pour Dieu, soyez de ma partie,
Vierge Marie, mon reconfort,
Faites-moi entrer à bon port
Mon vaisseau & mon gouvernail ;
Arriere du puant & horrible
Lieu damnable & gouffre infernal.
De grand peur le cœur me depart,
Car faire me faut partement
D'ici, & ne sais quelle part,
Tirer pour mon avancement,
Mon Dieu, mon Pere qui ne ment,
Si mon vaisseau n'est envoyé,
Par vous à Port de Sauvement
En péril suis d'être noyé.
Entrer me faut en cette mer,
Tant qu'à mon Créateur plaira,
Qu'un voyage doit être amer,
Quand on ne sait où on ira,
Ni le jour que l'on partira,
Plus j'y pense & plus il m'ennuye,
Celui qui me fit & défera,
Me conduise la droite voie.
Adieu je m'en vais sans attendre,
Mon chemin, car je suis surpris,
Puisque mon voile ai voulu tendre,
Et puisque l'aviron ai pris,
Jamais je ne serai repris,
De cheminer le droit chemin
Que nos ancêtres ont appris,
Et qui devant nous ont pris fin.
J'apperçois à perdition,
Mon vaisseau égaré en mer,
Pour finable conclusion,
Mon voyage me faut finir.

En ce temps les Bergers mangent chair de bœuf, de porc, de cerf, de biche & de toute venaiſon, perdrix, faiſans, liévres, oiſeaux de riviere & autres s'ils les peuvent avoir, car c'eſt la ſaiſon que la nature ſouffre plus grande quantité de viandes pour la naturelle chaleur qui eſt retirée dans le corps.

En ce tems ils boivent vins forts, vin bâtard ou malvoiſie deux ou trois fois la ſemaine, & uſent d'épices en leurs viandes, par ce qu'alors c'eſt le plus ſain de toute l'année, auquel ne viendra maladies, ſi ce n'eſt par mauvais gouvernement.

Les Bergers diſent que le Printems eſt chaud & moite, de la nature de l'air & complexion du ſanguin. En ce tems nature ſe réjouit, le ſang ſe répand parmi les veines plus qu'en un autre tems. L'Eté eſt chaud & ſec de la nature de feu du colérique mélancolique, on ſe doit garder de toutes choſes qui ſe mouvent à chaleur. L'Automne eſt froid & ſec de la nature de la terre & complexion du mélancolique, on ſe doit garder de faire excès pour le danger des maladies en quoi le tems eſt diſpoſé. L'Hyver eſt froid & moite de la nature de l'eau & complexion flegmatique, on ſe doit tenir chaud pour vivre ſainement.

L'homme eſt formé des quatre élémens, leſquels toujours l'un a la Seigneurie ſur les autres, & celui qui domine le feu eſt dit ſanguin, c'eſt-à-dire, chaud & moite. Celui qui domine la terre eſt mélancolique, froid & ſec. D'icelle complexion ſera parlé plus amplement.

Fin du Régime de Santé des Bergers.

S'ENSUIT L'ASTROLOGIE
DES BERGERS.

ON peut vivre comme les Bergers qui gardent les brebis aux champs ſans ſavoir lettres ni écritures, mais ſeulement par aucunes figures qu'ils ont en petites tablettes de bois, avoir connoiſſance des Cieux, des Signes, des Etoiles, des Planettes, de leurs mouvemens & propriétés. Premierement on ne doit ignorer qu'à tout homme qui eſt de franche condition appartient ſavoir la figure du monde, l'ordre des élemens & ledit à faire de bonnes œuvres pour mériter le Paradis. La quatrième en quoi le Chrétien doit ſuivre Jeſus-Chriſt en patience, en adverſité, en eſprit de vie par pénitence, ſe conformant en Dieu. La cinquième choſe eſt en compaſſion des pauvres à l'exemple de Jeſus-Chriſt, qui par ſa miſéricorde guériſſoit les pauvres de toutes maladies corporelles, & les pécheurs de toutes maladies ſpirituelles, & nous par compaſſion devons donner de nos biens aux pauvres, & les conforter ſpirituellement. La ſixième choſe en quoi le Chrétien doit ſuivre Jeſus-Chriſt, eſt douleur, dévotion, charité & contemplation des myſtères de ſa Divinité, de ſa Réſurrection, de ſon Aſcenſion & de ſon avenement au Jugement, qui ſouvent doit être au cœur des parfaites méditations. Et quant au dernier quelle choſe eſt le Berger, je dis que c'eſt ſavoir ma vocation comme chacun la ſienne, & auſſi ſavoir de toutes choſes les tranſgreſſions combien de fois on a tranſgreſſé, car autant de fois on a offenſé Dieu, & qui bien y penſe trouve ſes omiſſions & offenſes innumérables, leſquelles étant connues on s'en doit vouloir & en faire pénitence, voilà comme je connois l'homme être Berger.

Chanſon d'un Berger qui n'étoit point maître, à qui ſa connoiſſance ne profitoit point.

JE connois que Dieu m'a formé
Et à ſa divine ſemblance,
Je connois que Dieu m'a donné
Ame ſans vie & connoiſſance,
Je connois qu'à juſte balance,
Selon mes faits jugé ſerai,
Je connois bien, mais je ne ſais,
Connoître d'où vient la folie,
Que je ſai bien que je mourrai,
Et ſi n'amende point ma vie.
Je connois en quelle pauvreté
Vint ſur terre & nâquis d'enfance,
Je connois que Dieu m'a prêté,
Tant de biens en grande abondance,
Je connois qu'avoir ne chevance,
Avec moi je n'emporterai,
Je connois que tant plus aurai
Je connois tant ceux pour vrai,
Plus dolent mourrai en partie,
Et ſi n'amende point ma vie,
Je connois que j'ai déjà paſſé
La part de mes jours, ſans doutance,
Je connois que j'ai amaſſé
Péchés, & fait peu pénitence,
Je connois que par ignorance,
Excuſer je ne me pourrai,
Quand l'ame ſera départie,
Pour dire je m'amenderai,
Et ſi n'amende point ma vie.
Prince je ſuis en grand émoi
De moi qui les autres châtie,
Et moi-même pire je fai,
Et ſi n'amende point ma vie.

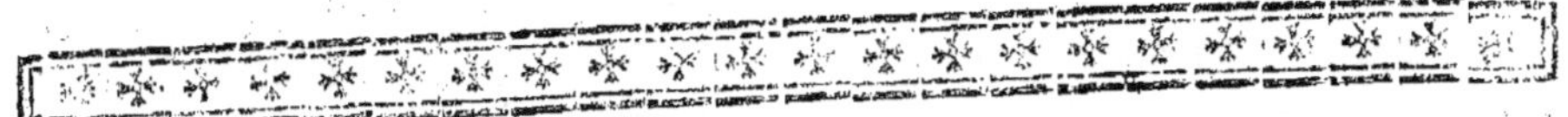

Chanson d'un Berger qui bien se connoissoit, & sa connoissance lui profitoit.

JE considere la pauvre humanité,
Et comme en pleurs premier nâquis sur terre,
Je considere ma fragilité,
Et mon péché qui trop le cœur me serre,
Je considere que mort me viendra quere,
Je ne sais l'heure pour tollir la vie,
Je considere que l'ennemi m'épie,
La chair, le monde me guéttoit si fort,
Je considere que c'est tout par envie
Pour me délivrer sans fin à mort;
Je considere les tribulations
De ce vilain siécle dont la vie n'est pas nette,
Je considere cent mille passions
où pauvre humaine nature est sujette,
Je considere la Sentence parfaite,
Du vrai Juge faite sur les bons & mauvais,
Je considere que tant plus vit pis vaut,
Dont conscience bien souvemment remors,
Je considere des damnés les défauts,
Qui sont livrés sans fin du tout à mort,
Je considere que les vers mangerons
Mon dolent corps, chose épouventable,
Je considere que les pécheurs feront
Quand ce viendra au Jugement redoutable;
Douce Vierge sur tout secourable,
Ayez merci de moi cette journée,
Qui tant sera merveilleuse & doutée,
Et ma pauvre ame conduise à vrai port,
Car à vous seule de cœur je l'ai vouée,
Pour la défendre sans fin de mort à mort,
Prince du Ciel, votre humble créature
Vous crie merci pour faire accord
Et de la peine qui toujours dure,
La défendez sans fin de mort à mort.

S'ensuit les peines d'Enfer pour tous ceux qui n'observent pas les Commandemens de Dieu.

EN Enfer sont les grands gémissemens,
Grands déconforts & désolations,
Angoisses, cris & toujours hurlemens,
En grands douleurs, grandes afflictions,
En grands regrets, grandes componctions,
Dont le pécheur se devoit convertir,
Car on voit des obstinations
Des Blasphémateurs, détestations,
D'outre se peut à jamais répentir,
Feu très-horriblement ardent,
Froid aussi fort resplendissant,
Grands cris & douleurs sans cesser,
Fumée qui ne les peut laisser,
Soufre puant & fort horrible;
Vision de Diables terrible,
Faim tourmentant cruellement,
Et soif aussi pareillement:
Grande honte & confusion,
En tous membres affliction;
De toute gloire défaillance,
Remords sans fin de conscience,
Ire, rancune & punis murmure,

Orgueil & rebellion dure
Bien d'autrui & maudite envie,
Fit crainte, que trop leur ennuye;
Peine & tourment que point ne faut,
Et toutes joies leur défaut;
Désir de la mort très-hideuse,
Et tribulation honteuse.

EST DIT DUN MORT TEL QUI S'ENSUIT.

Simon regard ne vous vient à plaisir,
Par ma laideur qui est épouventable,
Prenez en gré, connoissez le désir,
Parquoi prétends qu'il vous soit profitable,
Il n'y a point moyen plus véritable;
Les cœurs à Dieu que de bien se con-

noître,
Connoissez donc par moi qu'il vous
faut être,
Et préparer à mort votre imitatoi-
re,
Les fils d'Adam, mourons tous c'est
notoire;
Las! toi mondain, comtemple ma
maniere,
Un temps fut vu que j'avois beau
visage,
Les yeux rians, las! j'ai de tariere,
Conduit à vers pour faire passage,
Le dam d'autrui rend donque sage,
Car comme moi tu deviendras en
poudre,
Tout picoté comme un dé à cou-
dre,
D'un tas de vers feras repas,
Tous les humains faut passer ce pas:
Le temps durant que j'étois en ce
monde,
Honoré fus de sublime puissance,
Mais mal gardé ma conscience mun-
de,
Dont j'ai remord qui me point à ou-
trance;
Qu'est-ce d'honneur? qu'est-ce aussi
de jactance?
Que des fagots pour Enfer allumer;
Vain est fol qui fait bas trébucher;
Car sévérité ça bas ne prend dési[illegible]e,
Qui trop haut monte il aime sa rui-
ne,
Larmes répands de forcenée rage,
De la douleur qui me tient excessi-
ve,
Quand pour mes maux ai le feu
pour ôtage,
Ce qu'aise il faut que je m'estime:
Las! que fera pauvre ame chetive,
Pour se purger des péchés commis,
Gagner ne puis si ce n'est par mes
amis,
Je suis un ver qui ne veux plus que
paille,
Dieu créa tout & benit de sa dextre,
Fors que peché, qui peut donc délit
être?
Qu'est-ce de lui? pourquoi prit-il
engeance?
Péché n'est rien fors faillance de bien
S'il est ainsi pour moi quiers péni-
tence;
Francs fûmes faits un chacun sur sien
Quand Dieu nous fit garni de franc
arbitre,
Mais nul effeus qui prit le feu pour
mien,
Dieu delaissant pour sentir son cha-
pitre,
Ains, Enfer sans nul lui n'a droitu-
ture,
Que par ses maux ou par ses actions,
Que plus y met plus prend grande
victoire;
Nul n'est blessé que de ses passions,
De justicier ni de corrections,
Ni acquérir, car il est droiturier;
Bienheureux qui va le droit sentier,
Car tel aura bon Juge protecteur,
Combien qu'il soit patient créditeur;
Las! s'il étoit qu'eusse espace donnée
Le temps d'un jour pour faire péni-
tence;
Quel deuil! quels pleurs! hélas! quelle
science,
Feroit mon corps pour ma con-

science !
Or n'est appel après cette sentence,
Là où je suis n'ai espoir d'avoir
mieux,
Jeune ne suis & ne puis quand veux
Du repentir l'heure si est faillie,
Le fol ne croit tant qu'il voit sa folie ;
Il appert donc par bien vivre raison,
Que fol espoir de vivre longuement,
Ne fis jamais quand j'étois en chochon,
De mon salut & de mon damnement,
A pied lent fut surpris chaudement,
Et sans arrêt de fort sur la saisine,
Mais bien fait Dieu que l'heure ne
termine,
Car qui ne craint en grand peril se
boute,
Quand l'œil ouvert en ses faits ne
voit goutte ;
Où sont les pleurs, le deuil de mon
trépas ?
Parens, amis, voisins à grand planté,
Qui me pleuroient, voir sans contre-pas,
Où est l'espoir que sur eux j'ai planté,
Bon fait penser de soi durant santé ;
Car c'est folie d'autrui querir souffrage,
Après la mort le vif n'est en l'usage
De se pourvoir après son dernier
jour,
Dont un chacun doit y penser sans
séjour :
Hélas ! pourtant vanité delaissée,
Elisez mieux que le vivre mondain,
N'ignorez pas que mort vous soit
passée,
Qui êtes prêt de tomber en sa main,
Depuis que mort dessus tous a droiture,
Efforcez-vous d'avoir des mœurs
l'élite,
Gagnez les Cieux devant la pourriture,
Apprêtez-vous contre la mort despitée,
Célébrément ont leurs délits passez,
Jeunes & vieux sont ensemble entassez,
Et prient ceux qui verront cette
Histoire,
Des Trépassez qu'ils en ayent mémoire.

En

En l'Apocalipse est écrit que saint Jean vit un cheval de couleur pâle, sur lequel étoit assis la mort & l'enfer le suivoit. Le Cheval signifie la pécheur qui a la couleur pâle pour son mal & péché, & porte la mort; car péché est la mort de l'ame, & l'enfer s'ouvre pour l'engloutir s'il mouroit impénitent.

SUr ce Cheval hideux & pâle,
La Mort fermement assise,
Il n'est beauté que je ne passe,
Soit vermeille, blanche ou grise,
Mon cheval coure comme la bise,
Et en courant il rue & frappe,
Mais je rue tout; car c'est ma guise,
Tous homme trébuche en ma trappe,
Je passe par monts & par vaux,
Sans tenir ni voie ni sente,

Je prends par Ville & Châteaux,
Mon tribut, mon cens & ma rente,
Enfer fait quelle turie,
De gens je fais, car pas à pas
Me suis & de ma boucherie,
Souvent on fait de gros repas,
En travaillant je ne dors pas,
Car ma main empoignera,
Un tel qui ne s'en doute pas,
S'en garde qui regarde voudra,

Enfer me fuit raiſon pourquoi,
De ceux que tue de mon dard
Ils ſont ſans nombre croyez-moi,
Car il en a la plus grand part

Paradis n'en a pas le quart,
Ne la dyme on lui ſait grand tort,
Penſe donc qu'il ſera trop tard,
De ſe repentir à la mort.

Ci-après eſt la ſignſication de chacune Vertus : dans la premiere eſt Humilité, mere de toutes vertus & racine de l'arbre, laquelle étant bien ferme l'arbre ſe tient droit, mais ſi elle manque l'arbre eſt couché bas avec ſes branches, Humilité eſt inclination volontaire de penſée & courage venans de la connoiſſance de Dieu, & a ſix branches, en qui conſiſtent l'arbre des vertus; c'eſt-à-ſavoir, Charité, Foi, Eſpérance, Prudence, Juſtice, Tempérance, & de chacune viennent pluſieurs autres Vertus comme l'arbre démontre.

De la Charité.

CHarité très-haute eſt deſir ardent de penſée, bien ordonner d'aimer Dieu & ſon Prochain, ſelon les branches, Grace, Paix, Pitié, Douceur, Miſéricorde, Indulgence, Compaſſion, Bénignité, Concorde.

Grace, eſt celle qui montre le ſervice affectueux de bienveillance d'un ami à l'autre, Paix, repos & tranquillité bien ordonnée des courages des cœurs qui ſont réunis en bien. Pitié & affection de ſecourir à tout, & vient de douceur, grace, bénignité, penſée & courage, qu'on a de douceur eſt grand, on ſe montre courtois & affable à écouter un chacun tant le riche que le pauvre, ſans avoir égard à ce qu'on peut mériter. Miſéricorde eſt vertu pieuſe & égale eſtime de tous, avec inclination de courage plein de compaſſion envers ceux qui ſouffrent afflictions. Indulgence eſt rémiſſion du mal d'autrui par la conſidération de ſoi-même qu'on peut avoir offenſé pluſieurs, ou en ſe propoſant que Dieu nous donne rémiſſion de nos offenſes. Compaſſion doit s'entendre d'une affliction ou courage dolent de la douleur & affliction qu'on voit à ſon Prochain. Bénignité eſt un ardent courage, diligent d'un ami à l'autre avec reſplandiſſante douceur de bonnes mœurs qu'on a. Concorde eſt convenance de courage, encore en droit qu'il n'eſt point deçu.

De la Foi.

FOi eſt par la vérité connue des choſes viſibles, élever ſa penſée en étude de ſainteté pour venir croire les choſes qu'on ne voit point, & les branchee ſont, Religion, Netteté, Obéiſſance, Chaſteté, Continence, Virginité, Affection, c'eſt par-là qu'elles ſont exercer les ſervices divins à Dieu & aux Saints en grande révérence; les ſervices ſont dit par Cérémonie, Netteté ou Virginité & Intégrité, bien garder son corps & son ame, pour guérir le regard qu'on a en la crainte de Dieu. Obéissance est volontaire de renoncer de sa propre volonté par pitoyable dévotion, chasteté, netteté & honnête habitude de tout le corps, par les chaleurs des vices bien domptez, & sujette incontinence est cause que les désirs charnels se renferment par une modération de conseil pris de soi-même. Affection est effusion de pitoyable amour envers son prochain, venant d'un éblouissement conçu de par bonne foi en ceux qui s'aiment. Libéralité est vertu par laquelle le libéral courage n'est point gardé par aucune convoitise, de dépendre librement ses biens sans excès.

De l'Esperance.

Espérance est un mouvement de courage, tendant fermement à prendre & voir les choses qu'on désire, de laquelle les branches sont; Contemplation, Joie, Honnêteté, Confession, Patience, Compunction, Longanimité. Contemplation est la destruction des désirs charnels, par une réjouissance intérieure de la pensée élevée pour contempler choses hautes. Joie & liesse spirituelle venant du contentement des choses présentes & mondaines. Honnêteté est une vergogne, par laquelle on se rend humble envers tous & en vient un louable profit avec coutume publique & honnête. Confession est que par laquelle la maladie secrette de l'ame est démontrée au Confesseur à la louange de Dieu, avec espérance d'avoir miséricorde. Patience est bonne souffrance de choses adverses & contraires, pour regard d'éternelle gloire qu'on désire d'avoir: Compunction est une douleur de grand valeur à l'ame soupirant, ou pour crainte du divin Jugement, ou pour amour du paiement qu'on attend. Longanimité est infatigable vouloir d'acomplir les désirs qu'on a en sa pensée.

De la Prudence.

Prudence est diligence & garde de soi, avec sage providence de savoir connoître & discerner le bien d'avec le mal, & ses branches sont crainte de Dieu, conseil, mémoire, intelligence, providence, délibération, raison, crainte de Dieu, est une grande diligence qui veille sur soi par soi & bonnes mœurs des divins Commandemens. Conseil est un subtil regard de pensée que les causes des choses qu'on veut faire ou qu'on a gouvernement soient bien examinées. Mémoire est une représentation imaginative par regard de pensée que les causes des choses qu'on veut faire ou ouir raconter. Intelligence est de disposer par vivacité raisonnable à l'état présent, ou les choses qui sont présentes. Providence est par laquelle on propose en soi l'avancement des choses futures, par sagesse, subtilité & regard des choses passées. Délibération est une considération pleine d'espérance devant le commencement des choses délibérées qu'on peut suivre. Raison est vertu par laquelle est commandé de faire choses délibérées pour venir à quelque fin qu'on connoît être bonne & utile d'être sainte.

De la Temperance.

TEmpérance est une ferme domination de raison contre les impétueux mouvemens de courage choses illicites, ses branches sont, discrétion, mortalité, taciturnité, jeûne, sobriété, affliction. Discrétion est une raison assurée bien modérée d'humains mouvemens à juger les causes de toutes choses. Mortalité est se modérer justement par les mœurs de ceux avec qui il converse, gardez toutefois la vertu de nature. Taciturnité est soi attremper de paroles inutiles, dont vient un repos fructueux à celui qui s'amoderer. Jeûne est une garde discrette de sobriété ordonnée pour garder les choses saintes & intérieures. Sobriété est pure & sans taches attempérance de l'un, & de l'autre partie du corps & de l'ame. Affliction du corps est par laquelle les semences de lascives pensées, par châtimens discrets sont reprimées. Mépris du siécle est un amour des choses éternelles venant du regard des choses transitoires du monde.

De la Justice.

JUstice est par laquelle grace de communauté est entendue de chacune personne & gardée & le sien rendu, & ses branches sont, loi & sévérité, équité, correction, observance, jugement. Loi est par laquelle sont commandée toutes choses licites de faires, & qui défend toutes choses qu'on ne doit pas faire. Sévérité & par laquelle vengeance de droit est prohibée, & quand on exerce le criminel qui a délinqué. Equité est très-digne retribution des mérites à la balance de justice droitement. Correction est défendre par le frein de raison aucune accoutumances de faire mal. Observance de serment est une justice de contraindre aucunes nuisibles transgression de Loix nouvellement promulgées au peuple. Jugement est le mérite ou démérite de quelque personne ouie, par laquelle lui est donnée ce qu'elle doit avoir, ou tourment pour avoir fait mal, ne récompense pour avoir bien fait. Vérité est par laquelle aucuns dits ou faits par raison probable sont récité sans ajouter ni diminuer rien.

De la Force.

FOrce est avoir ferme courage aux adversités & périls qui peuvent venir, & sont les branches, magnificence, confidence, tollérance, repos, stabilité, perséverance. Magnificence est une joyeuse clarté de courage admirant choses hautes ou grandes. Confidence est arrêter sa pensée ou courage par constance immobile entre les choses qui sont adverses & contraires. Tollérance est journellement souffrir les méchancetés, aguets & persécutions qui nous surviennent. Repos est vertu par laquelle une sévére est donnée à sa pensée du mépris de la vérité des choses mondaines. Stabilité est avoir pensée ferme & rejetter choses diverses pour aucunes variétés ou changement de temps ou lieux. Persévérance est une vertu qui vient à but & confirme le courage par la perfection des vertus lesquelles on a & sont parfaites par force de longanimité.

Anatomie de tout le corps humain.

AUcuns Bergers disent que l'homme est un petit monde à par soi, pour les convenances & similitudes qu'il a au grand monde qui est agrégation des neuf Cieux, quatre élémens & toutes choses qui y sont. Premierement l'homme a telle similitude au premier mobile qui est le souverain Ciel & principale partie du grand monde, car ainsi comme est ce présent Zodiaque divisé en douze parties, lesquelles sont les douze signes; ainsi l'homme est divisé en douze parties qui sont dominées ou regardées d'iceux signes, chacune partie de son signe propre comme l'histoire le montre. Les Signes sont: Aries, Taurus, Gemini, Cancer, Leo, Virgo, Libra, Scorpio, Sagittarius, Capricornus, Aquarius, Pisces, lesquels il y en a trois de nature de Feu: Aries, Leo & Sagittarius; trois de nature de l'Air, Gemini, Libra & Aquarius; trois de nature d'Eau; Cancer, Scorpio & Pisces; trois de nature de la Terre; Taurus, Virgo & Capricornus. Le premier en Aries, qui gouverne la tête la face de l'homme. Taurus le col & le nœud de dessous la gorge. Gemini les épaules, les bras & les mains. Cancer la poitrine, les côtes, la ratelle & le poulmon. Leo l'estomac, le cœur & le dos. Virgo le ventre & les entrailles. Libra le petit ventre, les aînes, le nombril & les parties de dessous les hanches. Scorpio, les parties honteuses, les génitoires, la vessie & le fondement. Sagittarius les cuisses. Capricornus les genoux jusqu'aux talons & aux chevilles des pieds. Pisces gouverne les pieds. On ne doit point faire incision ni toucher de ferrement le membre qui gouverne aucun signe le jour que la Lune y est pour crainte de plus grande effusion de sang qui s'en pourroit ensuivre, ni aussi pareillement quand le Soleil y est pour le danger & péril qui en pourroit venir.

La nature des douze Signes.

ARies est chaud & sec de nature de feu, il gouverne la tête & la face de l'homme, lequel est bon pour saigner quand la Lune y est.

Taurus est sec & froid de nature de terre, gouverne le col & le nœud de dessous la gorge, & est mauvais à faire saignée.

Gemini est chaud & humide de nature de l'air, il gouverne les épaules, bras & mains, mauvais pour saigner.

Cancer est froid & hnmide de nature d'eau, gouverne la poitrine, l'estomac, le poulmon, indifférent, c'est-à-dire, ni bon ni mauvais pour saigner.

Leo est chaud & sec de nature de feu, gouverne le dos & les côtes, & est mauvais pour saigner.

Virgo est froid & sec de nature de terre, gouverne le ventre & les entrailles, ni fort bon ni fort mauvais pour saigner.

Libra est chaud & humide, nature de l'air, gouverne le nombril, les reins & la basse partie du ventre, & est bon pour saigner.

Scorpion est froid & humide, nature d'eau, gouverne les parties génitales, & n'est bon ni mauvais pour saigner.

Sagittarius est chaud sec, nature de feu, gouverne les cuisses & est bon pour faire saignée.

Capricornus est froid & sec, nature de terre, gouverne les deux genoux.

Aquarius est chaud & humide, nature de l'air, gouverne les jambes & n'est ni bon ni mauvais pour faire saignée.

Aries, Libra, Sagittarius sont très-bons.

Cancer, Virgo, Scorpio, Aquarius & Pisces, sont indifférens.

Taurus, Gemini, Leo & Capricornus sont mauvais.

On doit contempler par la figure les parties du corps humain sur lesquelles les Planetes font regard & domination, pour garder d'y attoucher de ferremens ni faire incisions vaines qui en procédent, pendant que la Planete d'icelle partie sera conjointe avec une autre Planete maligne, sans avoir égard à aucune autre bonne Planete qui puisse empêcher la mauvaise.

On peut contempler par cette histoire les os & jointures de toutes les parties du corps, tant dedans que dehors la tête, du col, des épaules, des bras, du haut du bras, des mains, du côté, de la poitrine, des hanches, de l'échinée, des cuisses, des genoux, des jambes & des pieds. Lesquels os, les noms & nombre d'iceux seront dits ci-après, & elle est appellée Histoire Anomatique.

Les Noms des Os du Corps humain, & le nombre d'iceux, qui en ſomme ſont deux cens quarante-huit.

PRemierement au milieu de la tête il y a un os qui couvre la cervelle, lequel les Bergers appellent os capital. Au teſt ſont deux os près d'icelui qu'ils nomment os pariétaux, qui tiennent la cervelle cloſe & ferme. Plus bas au cerveau eſt un os appellé couronne de la tête, & d'une part & d'autre ſont deux pierreux. Dedans eſt l'os du palais, ès parties de derriere la tête ſont quatre os pareils, auxquels on tient la chaîne au col, les os de la mantibule deſſous ſont onze, & de la machoire deſſous deux. A l'oppoſite du cerveau eſt un os derriere dit collatéral. Les os des dents ſont vingt-cinq, huit devant, quatre deſſus & quatre deſſous tranchans pour couper les morceaux, puis quatre égus, deux deſſus & deux deſſous, dits canits, car ils ſemblent aux dents des chiens, Après ſont quinze dents que nous appellons marteaux ou dents moulans, car ils moulent & mâchent ce que l'on mange & ſont en chacun bout des mantibules un deſſus un deſſous. En l'échine depuis la tête juſqu'aux bras ſont trente os appellés nœuds du col ou jointures. Et la poitrine devant ſont ſept os. Es côtés ſont quinze côtes. Près du col entre la tête & les épaules ſont deux os nommés fourchettes. Après ſont les deux os des épaules. De l'épaule juſqu'au coude en chacun bras eſt un os qui eſt dit adjutoire. Du coude juſqu'en la main de chacun bras ſont deux os qui ſont appellés cannes ou moignons. En chacune main ſont huit os. Au haut de la paulme ſont quatre os qu'on dit peine de la main. Les os des doigts en chacune main ſont 15, en chacun doigt trois. Au bout de l'échine ſont les os des hanches auxquels ſont attachés les deux os des cuiſſes. En chacun genouil eſt un os qu'on appelle la plate du genouil. Du genouil juſqu'au pied en chacune jambe ſont deux os qui ſont citcannins. En chacune eſt un os appellé cané. En la plante de chacun pied ſont quatre os. Après le peigne du pied où ſont en chacun cinq os. Les os des arteils en chacun pied ſont quatorze. Deux os ſont devant le ventre qui le tiennent ferme avec les deux branches. Deux os ſont en la tête derriere les oreilles dits oculaires. Nous ne comptons point les os ceneres des bouts des épaules, ni des côtés, ni pluſieurs petites épines d'os qui ne ſont aucunement compriſes au nombre des ſuſdits os.

Ici finit l'Anatomie & nombre des os du corps humain.

LA

La veine du milieu du front veut être faignée pour les douleurs, maladies à la tête, pour fiévre, léthargie, pour goutte & migraine.

Dessus les oreilles derriere, il y a deux veines qu'on faigne pour donner clair entendement, pour ouir clair, pour l'haleine engrossie, & pour crainte de ladrerie.

Aux tempes il y a deux veines dites arteres, pour ce qu'elles battent on les faigne pour diminuer la grande abondance de sang qui est au cerveau qui pourroit nuire à la tête & aux yeux, laquelle faignée sert contre goutte, migraine, & plusieurs autres accidens qui peuvent venir à chef.

Dessus la langue il y a deux veines qu'on faigne pour une maladie nommée esquinancie, & contre les enflûres & apostumes de la gorge, & contre l'esquinancie : car une personne pourroit mourir faute d'une faignée.

Au col il y a deux veines appellées originaux, pource qu'elles font le cours de tout le sang qui gouverne le corps humain, & principalement le chef; mais on ne doit faigner sans le conseil du Médecin, elle vaut à la lépre & fixe, quand telles maladies sont principalement causées par maladies.

La veine du cœur prise au bras, vaut pour ôter les humeurs ou mauvais sang qui pourroit nuire à la chambre du cœur ou à son appartenance, & vaut pour ceux qui crachent le sang & qui ont courte haleine.

La veine du foye prise au bras, vaut pour ôter & diminuer la grande chaleur du corps de la personne & tenir le corps en santé, elle vaut contre toute fiévre, jaunisse & apostumes de foye, & contre pleurésie.

Entre le maître doigt & le médicial on fait faignée, qui vaut aux douleurs qui viennent en l'estomac & au côté, comme bosses, apostumes, & plusieurs autres grands accidens qui peuvent venir en ces lieux pour trop grande abondance de sang & d'humeurs.

Aux côtez, entre le ventre & la hanche, c'est le flanc, il y a deux veines qu'on ſaigne, celle de la partie dextre, comme hydropiſie, & pour celle partie ſeneſtre pour aucunes douleurs qui viennent autour de la ratte, & on doit ſelon la perſonne qui eſt graſſe ou maigre, bien regarder à quatre doigts de l'inciſion, & ne ſe doit point faire ſans conſeil du Médecin.

En chacun pied ſont trois veines, dont il y en a une ſous la cheville du pied par dedans qui s'appelle ophane, qu'on ſaigne pour divertir & mettre hors pluſieurs humeurs, pour boſſes & apoſtumes qui viennent autour des aînes des femmes, & pour faire venir leurs menſtrues bas, & aux fixe & hémoroïdes qui viennent aux parties ſecrettes & autres maladies ſemblables.

Entre le bout du pied & le gros arteil il y a une veine qu'on ſaigne pour pluſieurs maladies, comme épidémique, qui prend ſoudainement par trop grande abondance d'humeurs, & fait cette ſaignée dedans un jour naturel, c'eſt-à-ſavoir en vingt-quatre heures, depuis que la maladie eſt priſe au patient, devant que le patient aye fiévre, & doit-on faire bonne ſaignée ſelon que le patient eſt diſpoſé.

Aux angles des aînes ſont deux veines qu'on ſaigne pour les yeux rouges ou larmoyans, chaſſieux ou qui pleurent toujours, & pour pluſieurs maladies qui y peuvent venir par abondance d'humeurs & de ſang.

Au bout du nez on fait une ſaignée qui eſt bonne pour le viſage rouge bilieux, qu'on appelle chaleur de foye, comme ſont gouttes, rognes, puſtules & autres infections de cœur qui peuvent venir en celui par trop grande repleċtion & abondance de ſang & d'humeurs, & ſi vaut contre polype du nez & contre maladies ſemblables.

En la bouche ès gencives il y a quatre veines, ſavoir, deux deſſus & deux deſſous, qu'on ſaigne pour échauffaiſon & chancre à la bouche, & pour mal de dents.

Entre la lévre & le menton il y a une veine qu'on ſaigne pour donner allégement à ceux qui ſe doutent avoir l'haleine puante.

En chacun bras il y a quatre veines, dont la veine de la tête eſt la plus haute, la ſeconde après eſt celle du foye, la quatre eſt celle de la ratelle, autrement dite, la baſſe veine du foye.

La veine de la tête priſe au bras droit, on la ſaigne pour divertir l'abondance de ſang qui pourroit nuire à la tête ou aux yeux, ou au cœur, & diſſipans les chaleurs & enflûres de la gorge, & à ceux qui ont le viſage enflé & rouge, & pluſieurs autres maladiés qui peuvent venir par trop grande abondance de ſang.

La veine de la ratelle, appellée baſſe veine, doit être ſaignée contre toute fiévre tierce, & quarte, en icelle on doit faire plus large plaie & moins profonde qu'en nul autre veine, pource qu'elle pourroit prendre vent, & pour peur de plus grand inconvénient, un nerf qui eſt deſſous que nous appellons lezard.

En chacune main il y a trois veines, dont celle de deſſus le pouce ſe doit ſaigner pour ôter la grande chaleur du viſage, & pour beaucoup de gros ſang & d'humeurs qui ſont à la tête, cette veine évacue plus que celle du bras.

Entre le petit doigt & le doigt médicial on fait une ſaignée qui vaut contre les fiévres tierce & quarte, & contre pluſieurs autres empêchemens qui viennent aux aînes & à la ratte.

Aux cuiſſes il y a deux veines en chacune, une au plat de laquelle la ſaignée vaut aux douleurs & enflûres des génitoires, & pour faire divertir & mettre hors du corps les humeurs qui ſont aux aînes.

La veine qui eſt ſous la cheville du pied, nommée ſciau, la ſaignée vaut aux douleurs & maladies des hanches, pour faire ſéparer pluſieurs humeurs hors qui ne ſe veulent aſſembler en ce lieu, & ſert aux femmes pour reſtraindre leurs menſtrues quand elles en ont trop grande abondance.

Fin de l'Anatomie & Flébotomie des corps humains.

CI-devant nous avons parlé des Planetes & des parties de l'homme & de la diviſion & nombre des os du corps humain. S'enſuit à connoître quand un homme eſt ſain ou malade, ou diſpoſé acunement à maladie. Pourquoi il y a trois choſes par leſquelles les Bergers connoiſſent quand une perſonne eſt ſaine ou malade, ou qu'elle eſt diſpoſée à maladie. S'il eſt ſain, s'y maintenir & garder, s'il eſt malade, ſe guérir & chercher remede. S'il eſt diſpoſé à maladie ſe garder qu'il n'y tombe, & pour ſavoir chacune deſdites trois choſes, mettent les Bergers pluſieurs ſignes de ſanté proprement eſt tempérance & égalité des quatre qualités de l'homme, qui ſont chaleur, froideur, ſécheresſe & moiteur, leſquelles étant égales & que l'un ne ſurmonte l'autre, à donc le corps de celui eſt ſain, mais étant inégales & que l'un domine l'autre, lors on eſt malade ou diſpoſé pour l'être. Et ſont ces qualités que les corps contiennent des élémens deſquels ſont faits foſſez, à ſavoir, de feu chaleur, de l'eau froidure, de l'air moiteur, & de la terre ſéchereſſe, leſquelles qualités quand l'une eſt immodérée des autres c'eſt ſigne qu'on eſt malade, & ſi l'une détruit l'autre du tout, adonc on eſt mort.

Signes par leſquels les Bergers connoiſſent l'homme être ſain.

LE premier ſigne à quoi les Bergers connoiſſent l'homme être ſain & bien diſpoſé en ſon corps, c'eſt quand il boit & mange bien ſelon la convenance de ſa faim & ſoif qu'il a ſans faire excès. Quand il digére bien-tôt ce qu'il a mangé & peu n'efforce point ſon eſtomac. Quand il trouve bonne ſaveur en ce qu'il boit & mange. Quand il a faim & ſoif aux heures de ſon repas. Quand il ſe réjouit avec ceux qui ſont joyeux. Quand il joue volontiers à quelque jeu de récréation avec ſes compagnons. Quand il s'ébat aux champs pour prendre l'air. Quand il mange de bon appétit beurre, fromage & lait de brebis. Quand il dort ſans rêver ni ſonger. Quand il ſe fait lever & chemine bien. Quand il ne ſue tôt & n'éternue point. Quand il a bonne couleur au viſage & que ſes ſens ſont bien diſpoſez pour faire opérations comme ſes yeux regarder, ſes oreilles à ouir, ſon nez à ſentir, jouxte la convenance de l'âge & la diſpoſition de ſon corps & auſſi du temps. Ces ſignes ſont ceux par leſquels les Bergers connoiſſent la ſanté.

Signes par leſquels les Bergers connoiſſent quand on eſt malade.

QUand on ne peut manger ni boire & qu'on n'a point d'appétit à l'heure du repas, ou quand on ne trouve bonne ſaveur à ce qu'on boit & mange ou quand on a faim & on ne peut manger. Quand on ne va pas à la chambre modérément comme on doit. Quand on eſt triſte. Quand on ne peut dormir ou prendre ſon repos à droit. Quand les membres ſont peſans. Quand on a la couleur jaune. Quand les ſens, comme les yeux, oreilles & autres membres ne font bien leurs opérations. Quand on ne peut travailler. Quand on crache ſouvent ou que les narines abondent en ſuperfluité d'humeurs. Quand on eſt pareſſeux en ſes œuvres. Quand on a le viſage, les jambes ou les pieds enflés, ou quand on a les yeux chaſſieux; ce ſont ſignes qui ſignifient l'homme être malade.

utres signes qui démontrent réplétion de mauvaises humeurs.

IL est bon de faire purger la réplétion des mauvaises humeurs, afin qu'elle n'engendre maladies, & sont connues par les signes qui s'ensuivent. Premierement quand on a grande rougeur au visage, mains & ongles, avoir aussi les veines pleines de sang, ou saigner du nez trop souvent, ou avoir mal au front, quand les oreilles cornent, quand le ventre est résolu longuement, quand on a la lumiere trouble, manger n'avoir nul appétit. Et tous les autres signes devant dits sont signes par lesquels on connoît les corps être mal disposé, & avoir en humeurs corrompus & mauvaises.

Une division du temps & régime auquel les Bergers usent selon que la saison & le temps le permet.

POur remédier aux maladies qu'on a & se garder de celle qu'on doute devoir avenir, disent les Bergers, que le temps naturellement se change quatre fois l'an, & ainsi divisent l'an en quatre parties, qui est le Printemps, l'Eté, l'Automne & l'Hiver, chacune de ses parties se gouverne selon que la raison permet à leur entendement & bien leur en prend.

Ainsi que les saisons se changent de façon & maniere de vivre, & disent qu'il faut changer de viandes à cause que le temps se change en plusieurs variétés. Or pour connoître le changement du temps selon les parties, considérant le cours du Soleil par les douze signes, & disent que chacune desdites quatre parties & saisons durent trois mois, & que le Soleil passe par trois signes; savoir, en Printemps par Pisces, Aries & Taurus sont ces mois, Février, Mars & Avril que la terre & les arbres s'éjouissent & changent en verdure. En Esté par Gemini, Cancer & Leo, & ont les mois, Mai, Juin & Juillet que les fruits de la terre & les arbres se grossissent & meurissent. En Automne par Virgo, Libra & Scorpio, & sont ces mois, Août, Septembre & Octobre, que la terre & les arbres déchargent fruits & feuilles, & est le temps quon doit amasser les fruits. En Hiver, par Sagittarius, Capricornus & Aquarius, & sont ces mois, Novembre, Décembre & Janvier, que la terre & les arbres sont morts & dévêtus de feuilles & fruits, aussi de toute verdure quoique tout homme doit savoir & connoître les choses appartenantes ancelle, eſt juſte & honnête pour ſon ſalut & pour le repos de ſa conſcience. Un bon Berger doit ſavoir l'art & ſcience des Bergeries, & pour bien gouverner ſes brebis & les mener en bonne pâture & les ſavoir médeciner quand beſoin eſt, & pour les tondre en ſaiſon, afin qu'il n'en vienne dommage à ſon maître. Celui qui laboure la vigne doit connoître les bois qui doivent porter fruits, & couper le mauvais ſelon ſon temps & lieu, lui donner les moyens néceſſaires, afin que celui à qui elle appartient ne ſoit en dommage. Semblablement un Médecin doit recevoir, penſer & guérir les malades deſquels il a charge, ſans ignorer la ſcience de médecine.

Conſéquemment un Marchand doit ſavoir diſtribuer ſa marchandiſe ſans tromper autrui, non plus qu'il voudroit qu'on lui fit. Auſſi les Avocats & Procureurs doivent ſavoir les droits, que par leur faute juſtice ne ſoit pervertie. Un bon Juge doit connoître la diveſité des parties, & icelles on les doit connoître qui a tort ou droit, & rendre à un chacun ce qu'elle doit avoir. Un Prêtre ou Religieux doit ſavoir ſes Regles & les obſerver, & ſur tout doit ſavoir la Loi de Dieu & l'enſeigner à ceux qui ne la ſavent pas, & ainſi de toutes autres vacations; car tout homme qui ne fait ſa vacation n'eſt pas digne d'y être, & vit en péril & danger de ſon ame, la choſe que tout homme doit ſavoir s'il a entendement & âge de diſcrétion, c'eſt s'il eſt en la grace de Dieu, combien qu'il ſoit fort difficile, car à Dieu ſeul la connoiſſance, & on peut voir quelques conjectures qui le démontrent, pour être crus par les Bergers & ſimples gens s'ils ſont en l'amour de Notre-Seigneur, pour ce ne ſe doivent aucunement réputer juſtes, & ſe doivent plus humilier & demander ſa miſéricorde, qui fait les pécheurs devenir juſtes. Principalement on doit ſavoir cette ſcience du temps qu'on veut recevoir le Corps de Jeſus-Chriſt, car qui le reçoit en ſa grace eſt ſauvé, & celui qui ne le recevra pas ainſi ſera damné. La premiere conjecture eſt, quand on a nettoyé ſa conſcience, & qu'on n'eſt coupable d'aucun péché mortel fait en volonté de le faire autrement. La ſeconde conjecture pour qu'on ſoit en la grace de Dieu, c'eſt quand on eſt diligent de bien obſerver ſes Commandemens & faire toutes bonnes œuvres. La troiſième conjecture eſt d'ouir très-volontiers la parole de Dieu, les Prédications & bons conſeils pour ſon ſalut. La quatrième eſt quand on a contrition au cœur d'avoir commis quelque péché. La cinquième eſt quand on a bonne volonté de ſe garder de pécher au temps à venir, par telles conjectures les Bergers & ſimples gens ſavent s'ils ſont en la grace de notre Seigneur ou non. La sixième chose que tout homme doit savoir, c'est connoître Dieu pour accomplir sa volonté, & le Commandement par lequel il veut être aimé de tout son cœur, de toute son ame, de toutes ses forces. Donc qui veut aimer Dieu le doit connoître, plus on le connoît plus on l'aime, parquoi ci-après est dit comme Bergers & simples gens le connoissent, lesquels pour connoître Dieu de tout leur entendement & puissance, doivent considérer trois choses.

La premiere, c'est qu'ils considérent la grande richesse de Dieu, sa puissance, sa souveraine dignité, sa noblesse, sa joie & sa liesse. La seconde, qu'ils contemplent ses merveilleux ouvrages. La troisième, qu'ils considérent les innumérables bénéfices qu'ils ont reçus & reçoivent de lui chacun jour, & par ces considérations on vient à sa connoissance. Premierement pour connoître Dieu, les Bergers & simples gens considérent la richesse qu'il a, car tous les biens du Ciel & de la Terre sont à lui, dont il est la Fontaine, le Créateur & le Maître, & les distribue à un chacun. Secondement, il est puissant, car par sa grande puissance a fait le Ciel & la Terre, la Mer & toutes choses qui y sont, & les pourroit toutes défaire dans un rien s'il vouloit, par sa puissance toutes autres sont sujetes & tremblent devant elle. Par la premiere de ses considérations l'on connoît Dieu être riche pour remunérer ses amis. Et par la seconde on le connoît être puissant pour se venger de ses ennemis. Troisièmement il est digne, car toute choses du Ciel & de la Terre lui doivent honneur comme au Créateur qui les a faites; ainsi voit-on les enfans honorer leurs peres desquels sont descendus par génération, & toutes choses descendues par création lui doivent honneur & révérence, dont il est souverainement noble; mais nul autre que Dieu n'a richesse, puissance & dignité comme lui. Quatrièmenent, il a souveraine joie, car cette joie est plénitude de tous biens, & doit être la fin à laquelle nous devons espérer de parvenir qui est de voir Dieu & l'avoir avec nous sans fin. C'est la premiere considération que les Bergers & simples gens doivent avoir. Secondement pour connoître Dieu, en considérant ses merveilleux ouvrages, la beauté des étoiles qu'il a faites, & par ce on dit communément qu'on connoît l'ouvrier à l'ouvrage. Connoissons donc les ouvrages de Dieu & nous connoîtrons sa beauté, bonté, considérons le Ciel qui est un très-noble ouvrage.

Aussi devons considérer la Terre le très-merveilleux ouvrage de Dieu, l'argent & pierres précieuses, les fruits qu'elle porte, les arbres & bêtes qu'elle soutient & nourrit de sa substance. Considérons la mer, les rivieres & les poissons qu'elle soutient & nourrit, le temps, les élémens, l'air, les oiseaux & tout pour le service de l'homme. Aussi considérons que Dieu par sa puissance a tout fait & bien ordonner les ouvrages & les gouverner par sa bonté, & par cette maniere connoîtrons Dieu. Pour le connoître connoissons les bénéfices que nous recevons de lui, ils la voyent derriere, non pas tout droit vers l'Orient, mais sera tirée vers le Septentrion, & une autrefois vers le Midi, & ceci pour cause de la lativée du Zodiaque où sont les douze signes, & sous lequel mouvement sont les sept Planetes.

De l'Equinoxial & Zodiaque qui sont au neuvième Ciel, qui contiennent le Firmament & autres sous lui.

AU concave du premier mobile les Bergers s'imaginent avoir deux cercles qui sont réellement, l'un délié comme un filet, lequel ils appellent Equinoxial, & l'autre large en maniere d'une ceinture large, qu'ils appellent Zodiaque, ces deux cercles se divisent également, mais non pas droitement, car le Zodiaque croît en biais, & les endroits où ils se croisent ſe croiſſent ſont droits Equinoxiaux. Pour entendre l'Equinoxial quand on voit ſenſiblement tourner d'Orient en Occident, & cela eſt appellé mouvement journal, on doit s'imaginer une ligne droite qui paſſe parmi la terre, avançant d'un bout du Ciel à l'autre en ladite ligne qui fait ce mouvement & ces deux bouts ſont deux points au Ciel qui ne ſe mouvent point, & ſont appellez les poles du monde, deſquels l'un eſt ſur nous près de l'Etoile du Nord, qui toujours nous appert, & eſt le pole Artique ou Septentrional, & l'autre eſt ſous terre toujours muſſé, appellé pole Antartique ou Auſtral, au milieu deſquels poles au premier mobile eſt le cercle Equinoxiale également diſtant une partie comme l'autre deſdits poles, & ſelon ce cercle eſt fait le mouvement journal de vingt-quatre heures, c'eſt un jour naturel & eſt dit Equinoxial, pource que quand le Soleil y eſt, le jour & la nuit ſont égaux par tout le monde. Le Zodiaque au premier mobile eſt comme une ceinture figurée des ſignes émaillés ſubtilement & bien compoſés d'Etoiles fixes, Compôt d'un ordre admirable, auquel Zodiaque ſont quatre principaux points qui le diviſent en quatre égales parties, au haut du Solſtice d'Eté, ou quand le Soleil eſt entré au Cancer, c'eſt le plus long jour d'Eſté, un autre bas dit Solſtice d'Hiver, pendant lequel le Soleil entre au Capricorne, c'eſt le plus court jour d'Hiver. Un autre moyen dit l'Equinoxial d'Automne, quand le Soleil entre en Libra au mois de Septembre, & l'autre dit l'Equinoxial du Printemps, quand le Soleil entre en Aries au mois de Mars, leſquelles quatre parties diviſées chacune en trois, ſavoir, Aries, Taurus, Gemini, Cancer, Leo, Virgo, Libra, Scorpio, Sagittarius, Capricornus, Aquarius, Piſces. Aries commence où l'Equinoxial croiſe ledit Zodiaque, & quand le Soleil approche du Septentrion. Après vient Taurus & les autres, comme la figure cidevant le démontre, chacun ſigne eſt diviſé en trente dégrés, qui ſont trois cens cinquante dégrés, chacun diviſé par ſoixante minutes, & chaque minute en ſoixante ſecondes, chacune ſeconde en ſoixante tierces, & ſuffit aux Bergers cette diviſion.

Les Bergers connoiſſent une variation ſubtile au Ciel, c'eſt que les Etoiles fixes ne ſont pas ſous les mêmes dégrés des ſignes du Zodiaque, là où elles étoient lorſqu'elles furent créées, à cauſe du mouvement du Firmament qu'elles font contre le premier mobile en cent ans un dégré. Parquoi le Soleil avoit autre regard à une Etoile, & autre ſignification qu'il n'avoit le temps paſſé, pource que l'Etoile a changé de dégré du ſigne ſous qui elle étoit, & ceci fait ſouvent faillir ceux qui pronoſtiquent & font jugemens futurs.

Tous les cercles du Ciel ſont petits, ſinon le Zodiaque qui eſt large,

& contient en longueur trois cens soixante dégrés, & en largeur douze, laquelle est divisée par le droit milieu, six dégrés d'un côté & six de l'autre, cette division est faite par une ligne nommée Ecliptique, qui est la voie du Soleil, car jamais le Soleil ne bouge de cette ligne, ainsi il est toujours au milieu du Zodiaque, mais les autres Planetes sont d'un côté ou d'autre, sinon quand elles sont à la tête ou à la queue du dragon, comme la Lune y est deux fois le mois, & s'il avient quand elle se renouvelle, il est Eclipse de Soleil, & si c'est en pleine Lune & qu'elle soit sous le Nardit qui est vis-à-vis du Soleil, si c'est adroitement il est Eclipse générale, & n'est qu'une partie on ne la voit point, quand à celle du Soleil on ne la voit pas par tout, mais pour celle de Lune elle est générale par toute la terre.

Des deux grands Cercles, c'est à savoir, Méridien & Horison, qui entre-coupent & croisent directement.

MEridien est un grand Cercle qui passe par les poles du monde, & par le point droit sur notre tête, qui s'appelle Zénit, & toutes les fois que le Soleil est venu d'Orient jusqu'au Cercle, il est midi. Par quoi est appellé Méridien, il fait la moitié sur la terre, l'autre dessous, passant le point minuit droitement opposite au Zénit, & quand le Soleil touche la partie du Cercle il est minuit. Si un homme va vers Orient ou Occident il a nouveau Zénit & nouveau Méridien, par quoi il est plutôt midi vers ceux d'Orient que vers ceux d'Occident, car si un homme est toujours en un lieu, son Méridien est toujours un, ou s'il va contre Midi ou Septentrion, il ne se peut remuer qu'il n'ait autre Zénit, & ces deux Cercles Méridien & Horison entre-coupent & croisent droitement. Horison est un grand Cercle qui divise la partie du Ciel, que nous voyons de celle que nous ne voyons pas, & disent les Bergers que si un homme étoit au plat pays il verroit la moitié du Ciel. Toute Horison est droite ou oblique, ceux qui ont droit Horison & qui habitent sous l'Equinoxial de ladite Horison, divisent l'Equinoxial droitement par les deux poles du monde, tellement que nul n'est élevé ni abaissé sur l'Horison, mais ceux qui habitent ailleurs sous l'Equinoxial ont leur Horison oblique, car l'Horison divise l'Equinoxial en biais, & leur apparoît en tout temps un des poles du moins élevé dessus leur Horison, & l'autre leur est toujours si caché qu'ils ne le voyent point. Il est à savoir qu'autant qu'il a de distance de l'Horison au pole, comme du Zénit de l'Equinoxial, & que le Zénit est la quatrième partie du Méridien ou milieu de l'arc journal, duquel les deux bouts sont sur l'Horison. Exemple de l'Horison de Paris selon l'opinion des Bergers, sur lequel Horison disent que le Pole est élevé de 40 dégrés, parquoi le Zénit & l'Equinoxial sont de 48 dégrés, & que d'Horison jusqu'au Zénit qui est la partie du cercle Méridien, il y a 60 dégrés, & du Pole jusqu'au Zénit il y a 41 dégrés, & du Pole jusqu'au Solstice d'Eté il y a 61 dégrés, & du Solstice jusqu'à l'Equinoxial 60 dégrés, qui est la 4. partie de la rondeur du Ciel, & de l'Equinoxial jusqu'au Solstice d'Hiver il y a 33 degré, du Solstice jusqu'à l'Horison 18. Aussi seroit l'Equinoxial élevé sur l'Horison de Paris 41 degrés & le Solstice d'Eté 64 degrez, auquel Solstice est le Soleil à l'heure de midi du plus grand jour d'Eté, & lors il entre en Cancer & est le plus près du Zénit de Paris & autres de notre partie habitable, & quand le Soleil est au Solstice d'Hiver c'est le plus court jour de l'an à l'heure de midi, & entre en Capricorne, & n'est élevé ledit Solstice sur l'Horison de Paris que 18 dégrés, desquelles élevations toutes facilement on peut trouver, mais qu'on en connoisse une seulement, & en chacune Region pareillement selon la situation.

Des grands Cercles du Ciel & des quatre parties.

DEux grands Cercles sont au Ciel nommés colure, qui divisent les Cieux en quatre parties égales & se croisent droitement, passant l'un par les Poles du monde & par les deux Solstices, l'autre par les Poles aussi les deux Equinoxes. Le premier des petits & dit Cercle antique causé du Pole du Zodiaque en tout du Pole artique, & son pareil à l'opposite nommé Cercle antartique, les autres deux sont nommés Tropiques, l'un d'Eté & l'autre d'Hiver. Le Tropique d'Eté est causé du Solstice d'Hiver commencement de Capricorne, & sont également distant l'un de l'autre. On doit noter que les distances du Pole artique & antartique sont égales, & la distance du Pole Tropique d'Eté à l'Equinoxial au Tropique d'Hiver sont égales chacun de 23 dégrés & demi ou environ, dont la distance de l'Equinoxial au Tropique d'Eté & du Cercle artique au Pole, fait 47 dégrés, lesquels ôtez du quartier d'entre le Pole & l'Equinoxial où il y a 90 dégrés, reste qu'il en demeure 43, qui est la distance entre le Tropique d'Eté & le Cercle artique, pareillement entre le Tropique d'Hiver & le Cercle artique, & sont appellés petits, car ils ne sont si grands que les autres, toutefois chacun est divisé en 360 dégrés comme le plus grand.

Du levement & du couchement des Signes en l'Horison.

HOrison & Hémisphere différent, car Horison est le Cercle qui divise la partie du Ciel que nous voyons, de celle sous terre que nous ne voyons pas, & Hémiſphere eſt la partie du Ciel ſur terre que nous voyons. *Item.* Horiſon eſt un Cercle qui ne ſe mouve, ſinon comme nous mouvons de lieu en autre, mais Hémiſphere tourne toujours, car une partie leve & monte ſur notre Horiſon, l'autre partie couche & entre deſſous. Equinoxial eſt un cercle journal qui leve & couche réguliérement autant une fois qu'une autre, & tout en vingt-quatre heures.

Le Zodiaque, cercle large, où ſous les ſignes ſe leve & couche tout en un jour naturel, mais non pas réguliérement; car il ſe leve plus en un jour qu'en un autre, parce que l'Horiſon eſt oblique, & diviſe le Zodiaque en deux parties dont l'une eſt en tout temps ſur notre Horiſon, & l'autre partie deſſous. Ainſi la moitié des ſignes ſe levent ſur notre Horiſon chacun jour tant ſoit long ou petit, & l'autre moitié la nuit. Parquoi convient que les jours ſont plus courts que les nuits, ſe levent plus vîte que les longs jours, ains le Zodiaque ne ſe leve pas réguliérement en ces parties comme l'Equinoxial. Mais il y a deux fois l'an variation, car la moitié du Zodiaque qui eſt du commencement d'Aries juſqu'à la fin de Virgo, met autant de temps à lever comme l'Equinoxial qui eſt près de lui, & commence à lever auſſi, mais la moitié du Zodiaque ſe leve plutôt que la moitié de l'Equinoxial, & cela eſt appellé lever obliquement. *Item.* L'autre moitié du Zodiaque qui eſt commencement de Libra juſqu'à la fin de Piſces, & la moitié de l'Equinoxial qui eſt à côté, ſoi commencement & laiſſe à ſe lever enſemble; mais l'Equinoxial en cette partie ſe leve au commencement plutôt, & le Zodiaque plus à loiſir, & cela eſt appellé droit qui eſt toujours plus levé de l'Equinoxial que le Zodiaque, & néanmoins finiſſent enſemble. Exemple pour les deux mouvemens qui ſont dits, comme deux alloient de Paris à Saint Denis, & partiſſent enſemble, mais au commencement l'un chemine plus fort que l'autre, celui qui chemineroit plutôt ſeroit le premier au milieu du chemin que l'autre, mais ſi celui qui avoit cheminé vîtement cheminoit à loiſir & l'autre cheminât vîte, auſſitôt ſeroient à Saint Denis l'un comme l'autre. *Item.* La moitié du Zodiaque depuis le commencement du Cancer juſqu'à la fin de Sagittarius en levant apporte plus que la moitié de l'Equinoxial, tellement que cette moitié ſe leveroit tout droit, & l'autre moitié du Zodiaque ſe leve obliquement.

De la diviſion de la Terre qui eſt habitable.

LEs Bergers diviſent la Terre habitable en ſept parties, qu'ils appellent Climats, dont les noms s'enſuivent, Dyameteos, Diaceres d'Alexandrie, Diathodes, Diaromer, Diaboriſtenes & Diatipheos, chacun a ſa longueur & largeur déterminée, & tant plus ſont longs, larges, & procédent en longueur d'Orient en Occident, & largeur du Midi à Septentrion.

Premier Climat contient de long la moitié du circuit de la terre, qui est deux cens lieues. Le second Climat est plus court & moins large. Le troisième plus que le second, & ainsi des autres pour l'appétissement de la terre vers le Septentrion.

On doit savoir que Climat est une espace de la terre également large, dont sa longueur est d'Orient en Occident, sa largeur est du Midi jusqu'au Septentrion. Un Climat est un jour artificiel d'Eté plus long ou plus fort qu'en autre Climat; ce jour montre la différence qu'on peut connoître & juger la différence des Climats. Au commencement du premier Climat le plus long jour d'Eté a 12 heures 45 minutes, & est le Pole élevé sur l'Horison 12 dégrés 45 minutes, & au milieu du Climat le plus long jour est de 13 heures, le Pole élevé 16 dégrés, & dure la largeur une heure 15 minutes du plus long jour d'Eté, la largeur est de deux cens vingt lieues de terre. Le second Climat commence à la fin du premier, le milieu où est le plus long jour 13 heures & demie, & le Pole est élevé sur l'Horison 24 dégrés 15 minutes, sa largeur dure jusqu'à l'autre Climat, & contient la terre deux cens lieues justement. Le troisième Climat commence à la fin du second, son milieu où est le plus long jour a 14 heures, & le Pole est élevé de 30 dégrés 45 minutes, sa largeur s'étend jusqu'à l'autre Climat. Le quatrième Climat commence à la fin du tiers, son milieu est le plus long jour & a 14 heures & demie, le Pole est élevé de 39 dégrés 20 minutes, sa largeur dure jusqu'à l'autre Climat, & contient de terre 150 lieues de largeur. Le cinquième Climat commence à la fin du quart, son milieu où est le plus long jour a 15 heures, & le Pole est élevé 41 dégrés 20 minutes, sa largeur dure jusqu'à l'autre Climat, & contient de terre 26 lieues de largeur. Le sixième Climat commence à la fin du cinquième, son milieu est le plus long jour, le Pole est élevé de 45 dégrés 3 minutes, sa largeur de terre dure 106 lieues. Le septième Climat commence à la fin du sixième, son milieu est le plus long jour, le Pole est élevé de 48 dégrés 40 minutes, & sa largeur contient 93 lieues.

Une merveilleuse considération des Bergers.

SOit posé le cas que, selon la longitude des Climats, on peut environner la terre tout à l'entour, en allant droit par devers Occident tant que l'on fût retourné au lieu d'où l'on seroit parti, quelques Bergers disent que peut s'en faut qu'on ne fasse le tour pource qu'un homme fit le tour en douze jours naturels, allant régulierement vers Occident, & commençât maintenant à midi, il passeroit chacun jour la douzième partie du circuit de la terre, & sont 30 dégrés, adonc conviendroit que le Soleil fit un tour à l'entour de la terre, & 3 dégrés outre, avant qu'il retournât le lendemain au Méridien de celui homme, son jour & nuit O de 26 heures & seront plus long par la vingt-deuxième partie d'un jour naturel que s'il reposoit, donc s'ensuit qu'en douze jours naturels celui homme auroit tant seulement onze jours & onze nuits & quelque peu moins, & que le Soleil ne se leveroit qu'onze fois, & ne se coucheroit qu'onze fois, car onze jours & onze nuits, chacun jour & nuit, 23 heures sont 23 jours naturels chacun de 23 heures. *Item.* Par semblable considération conviendroit qu'un autre homme qui feroit ce tour allât vers Orient eût son jour & nuit plus court que le jour naturel de 24 heures, & ne feroit son jour & nuit que de 31 heu. Donc s'il faisoit son tour en même temps, savoir en 31 jours naturels, ensuiveroit par nécessité qu'il auroit 33 jours peu plus. Aussi Jean faisoit le tour vers Occident & Pierre vers Orient, & Robert attendit au lieu dont seroient partis l'un comme l'autre & retournassent l'un comme l'autre, aussi Pierre diroit qu'il auroit deux jours & deux nuits plus que Jean & Robert qui se seroit reposé un jour moins que Pierre & que Jean, combien qu'ils eussent fait ce tour en 12 jours naturels, ou en cent, ou en dix, c'est tout un, & ceci est à considérer, comme Pierre & Jean arriveroient en un même jour, posé qu'il fût Dimanche, & Jean diroit il est Samedi, & Pierre diroit il est Lundi, & Robert diroit il est Dimanche.

De l'Etoile nommée Pommeau des Cieux, ou Etoile du Nord, près laquelle est le Pole Artique, dit Septentrional.

APrès ce que dessus est dit, venons à parler d'aucunes Etoiles en particulier. Et premierement de celle que les Bergers nomment Pommeau ou Etoile du Nord, parquoi on doit savoir que sensiblement voyons le Ciel tourner d'Orient en Occident par le mouvement journal, c'est du premier mobile, lequel se fait deux points oppposites qui sont les Poles du Ciel, desquels l'un nous appert & est le Pole artique, & l'autre est sous terre que nous ne voyons point est l'Antartiqne, près du Pole artique nous appert une Etoile que les Bergers appellent Pommeau des Cieux, par laquelle ont connoissance des autres Etoiles & parties du Ciel. Les Etoiles qui sont près de ce Pommeau ne vont jamais sous terre, & sont celles qui sont le chariot & plusieurs autres, & ceux qui en sont loin vont aucunes fois sous terre comme le Soleil, la Lune & autres Planetes & Etoiles.

De l'Andromede, Etoile fixe.

Aries est un signe chaud & sec, gouvernant la tête & la face de l'homme, des régions Babylone, Perse & Arabie, il signifie petits arbres, & sous lui au 16 dégrés se leve une Etoile fixe nommée Andromede, que les Bergers figurent une fille en cheveux sur le rivage de la mer, mise pour être livrée aux monstres qui en sortent; mais Perseus, fils de Jupiter, combattit de son épée le monstre & le tua, & fut délivrée ladide Andromede. Ceux qui sont nés sous sa constellation sont en danger de prison. Mais si bonne Planete y regarde échappe de mort & prison. Aries est l'exaltation du Soleil au seizième dégrés, & est Aries maison de Mars avec Scorpius, en laquelle Mars s'éjouit de plus.

De l'Etoile fixe nommée Perceus, Seigneur de l'épée.

Taurus ni les arbres, plantes & autres, gouverne de l'homme le col & le nœud du gosier. Et des régions, Ethiopie, Egypte & le pays d'alentour, & sous son 22 dégré se leve une Etoile fixe de la premiere grandeur, & s'appelle Perceus, fils de Jupiter, qui coupa la tête de Meduse, laquelle faisoit mourir tous ceux qui la regardoient, tellement que par nul adresse ne s'en pouvoient garder, les Bergers disent quand Mars est conduit avec cette Etoile, ceux qui sont nés sous sa constellation ont la tête tranchée, si Dieu ne leur fait grace & appellent aucune fois ladite Etoile, Seigneur de l'épée. Et est figuré un homme l'épée à la main, & l'autre le chef de Meduse, & est Taurus exaltation de la Lune au 3 dégré.

De l'Horison, Etoile fixe & ses Compagnons.

Gemini signifie largesse, bon courage, sens, beauté & doctrine, & gouverne de l'homme les épaules, bras & mains. Et des régions Ingem, Armenie, Cartage & les moyens arbres, sous son 23 dégré se leve une Etoile fixe nommée Horison, & 36 autres Etoiles avec soi. Et est en figure d'homme armé, vêtu d'un auberion & ceint d'une épée, signifie grand Capitaine. Ceux qui sont nés sous sa constellation sont en danger de mort violente & être tué en trahison, si bonne fortune en leur nativité ne les sauve. Gemini & Virgo sont les maisons de Mercure, Mais Virgo est celle en quoi s'éjouit le plus, & l'exaltation de la tête du dragon au 3. dégré de cedit signe.

De l'Etoile fixe, que les Bergers appellent Albabor.

Cancer domine les arbres longs & égaux du corps de l'homme, la poitrine, le cœur, l'estomac, la ratelle & le poulmon. Des régions Armenie la petite, & la région d'Orient, & se leve dessous lui au 12 dégré une Etoile fixe que les Bergers appellent Albabor, ou grand Chien, & disent que ceux qui sont nés sous sa constellation, & quelle est l'ascendant ou au milieu du Ciel, signifie bonne fortune, & si la Lune est avec elle & la partie de fortune, celui qui y sera né deviendra riche, & est Cancer maison de la Lune & exaltation de Jupiter au quatrième dégré.

De l'Etoile fixe, nommée Cœur de Lion.

Leo gouverne les grands arbres, c'est-à-dire, qu'il signifie l'homme très-rigoureux, plein de courroux & d'angoisses, du corps de l'homme garde le cœur promptement, dos & côtés, & des régions Artractif jusqu'à la terre habitable, & sous son 24 dégré se leve une étoile nommée Cœur de Lion. Et ceux qui sont nés sous sa constellation, ainsi que disent les Bergers, sont élevés en dignité, depuis sont réprimez, abaissez & en danger de perdre la vie, mais si une bonne Planete regarde ladite Etoile, ils sont sauvez de grand péril. Leo est maison du Soleil, & Aries est son exaltation comme dit est.

De l'Etoile Fixenthuleuse & de l'Etoile Coupe-d'Or.

Virgo gouverne tout ce qui est semé en terre & signifie l'homme de bon courage, Philosophe, largesse, toute maniere de sens & regarde de l'homme le ventre & les entrailles, des régions Alegemaria Assem, qui est une région après Jerusalem, Euphrates & Isles d'Espagne, selon la longitude au 15 dégré, se leve une Etoile, dite Fixentuleuse ou queue de Lion, & en latitude de Septentrional dudit signe de Virgo. Et sous icelui se leve une autre Etoile, nommée Coupe-d'Or, & au 15 dégré dudit signe vers la partie Méridionale, qui est de la nature de Venus & Mercure, signifie à ceux qui sont nés sous sa constellation, savoir choses dignes.

Du Porc-Epic, Etoile fixe.

Sous le signe de Libra, qui domine les grands arbres & larges, signifie justice de l'homme, domine les reins & le dessous du ventre, & des régions la Romanie & la Gréce, sous son 16 dégré se leve une Etoile que les Bergers appelle Porc-épic. Ceux qui sont nés sous sa constellation ont belle figure, sont honnêtes, font choses dequoi les gens se réjouissent & signifie richesses par marchandises honnêtes, sont volontiers aimez des Dames & Seigneurs. Libra est une des maisons de Venus, & Taurus l'autre où elle s'éjouit qui est l'exaltation de Saturne, car le temps commence à venir froid au mois de Septembre, & Saturne, Planete est Seigneur de froidure qui se veut exalter quand il est en Libra.

De la Couronne Septentrionale de l'Etoile fixe.

Sous le Scorpio qui Seigneurie les arbres qui sont longs & larges, signifie fausseté & du corps de l'homme gouverne les choses dont a honte, & des régions la terre hoberge & le champ d'Arabie, en sont deux dégrés, se leve une Etoile appellée Couronne Septentrionale, laquelle étant en l'ascendant ou au milieu du Ciel, donne honneur & exaltation à ceux qui sont nés sous sa constellation, spécialement quand il est bien regardé du Soleil; le Scorpio est une des maisons de Mars en laquelle il se réjouit le plus, & Aries est l'autre, aussi le signe auquel commence Mars à tomber de son exaltation.

Du cœur

Du Cœur du Scorpio, Etoile fixe.

Sous le Sagittaire, signifie l'homme plein d'adresse & sagesse, & gouverne les cuisses de l'homme & les régions Ethiopie, Mahotomen & Arienich, sous son premier dégré se leve une Etoile fixe de la premiere grandeur que les Bergers appelle Cœur de Scorpio, laquelle étant bien regardée de Jupiter ou de Venus, éleve ceux qui sont nés sous sa constellation en grand honneur & richesse, mais quand elle est mal regardée de Saturne ou de Mars, elle met ceux qui sont nés sous elle à la pauvreté. Le Sagittaire est maison de Jupiter en laquelle s'éjouit plus, & Pisces est son autre maison, & si est ledit Sagittarius en l'exaltation de la queue du Dragon.

De l'Aigle volant, Etoile fixe.

Capricorne, signifie homme de bonne vie, sage, col & de grande tristesse, & gouverne les genoux de l'homme, & des régions, Ethiopie, Arabon & Geamen; jusqu'aux deux Mers: & sous son 27 dégré se leve une Etoile que les Bergers appelle Aigle volant, qui signifie les Rois & Empereurs souverains. Ceux qui sont nés sous sa constellation, quand elle est bien regardée du Soleil & de Jupiter, sont maintenus en Seigneurie & sont amis aux Rois & Princes. Capricornus & Aquarius sont maisons de Saturne, mais en Aquarius Saturne s'éjouit plus, aussi est Capricornus exaltation de Mars.

Du Poisson Méridional, Etoile fixe.

Sous Aquarius, qui regarde les jambes de l'homme jusqu'aux chevilles des pieds, & les régions Hénenotes, Alempha & une partie de la terre d'Espagne & une partie d'Egypte; en son 12 dégré se leve une Etoile que les Bergers appelle Poisson Méridional, ceux qui sont nés sous sa constellation sont heureux en Pêcherie en la Mer du Midi, & sous les six dégrés se leve le Dauphin, qui Seigneurie sur les choses marines, sur étangs, rivieres comme dit est. Aquarius est maison de Saturne en laquelle il s'éjouit.

De Pégasus, qui signifie Cheval d'honneur.

Pisces regarde de l'homme les pieds, & signifie l'homme subtil & sage, de diverses couleurs, & des régions de Tabasan, Jurgem & toute la partie habitable qui est Septentrionale, & sous lui qui est au 16. dégré, se leve une Etoile appellée Pégasus; c'est le Cheval d'honneur & la figure en forme d'un beau Cheval; ceux qui sont nés sous sa constellation sont en grand honneur entre les grands Seigneurs, & que Venus est avec lui ils sont aimez des Dames, mais quand ladite Etoile est au milieu du Ciel où l'ascendant & Pisces, est une des maisons de Jupiter, & Sagittarius l'autre, en laquelle il s'éjouit plus, & si sont lesdits Poissons au 7. dégré de l'exaltation de Venus.

Les Cieux, & pareillement la Terre peuvent être divisés en quatre parties, par deux cercles qui se croisent droitement sur les deux Poles, & croisent quatre fois l'Equinoxial, chacune de ses quatre parties divisées en trois égalément seront douze parties, tant au Ciel comme en la Terre, que les Bergers appellent Maisons, & sont douze, dont six sont toûjours chacune en son lieu les Signes & Planetes, tous y passent une fois en vingt-quatre heures, trois des Maisons sont l'Orient à minuit, allant sur la terre. La premiere, la seconde, la tierce, dont la premiere sous terre commence à l'Orient, est nommée Maison de vie, la seconde de substance & richesses, la tierce qui finit à minuit, Maison de patrimoine, la quinte est Maison des fils, là venant en Occident Maison de patrimoine, la sixième finit en Occident, sous terre est Maison de mariage, la huitième suivant est Maison de mort, la neuvième finissant à midi est Maison de foi, religion & de pérégrination, la dixième commençant à midi contre Orient, est Maison d'honneur & de Royaume, la onzième est Maison de vrais amis, & la douzième finissant sur terre en Orient, est Maison de charité, mais cette matiere est difficile, parquoi les Bergers s'en déportent légerement, & leur suffit de ce que dit est, avec la figure ici présente.

Samedi. Jeudi. Vendredi. Dimanche.

Saturne. Jupiter. Mars. Sol.

QUi veut sçavoir comme les Bergers sçavent quelle Planete régne chacune heure du jour ou de la nuit ; & laquelle est bonne ou mauvaise, on doit savoir laquelle régne celui jour de la premiere heure temporelle du Soleil levant, le jour est pour celui Planete. La seconde heure est pour la Planete en suivant, & tierce est pour l'autre, comme sont les figures par ordre, convient commencer du Soleil à Venus, Mercure à la Lune, & pour revenir à Saturne jusqu'à 12, qui est pour l'heure devant le Soleil couchant, & tout incontinent que le Soleil est couché, comme la premiere heure de la nuit qui est pour la 14. & ainsi toujours jusqu'à 12 heures de la nuit, qui est l'heure prochaine devant le Soleil levant, & vient droitement cheoir sur la 14. La Planete qui est prochaine devant celle du jour suivant, & ainsi le jour a 12 heures & la nuit autant, lesquels sont heures temporelles, différentes aux heures des horloges qui sont artificielles. Les Bergers disent que Saturne & Mars sont mauvais. Jupiter & Venus sont bons. Le Soleil & la Lune sont moitié bons & moitié mauvais. La partie de devers la bonne Planete est toujours bonne, & la partie de devers la mauvaise. Mercure étant conjoint à une bonne Planete est bon, & avec une mauvaise est toujours mauvais, ils entendent ceci quand aux influences bonnes ou mauvaises qui sont desdites Planetes ici-bas.

Mardi. Mercredi. Jeudi. Vendredi.

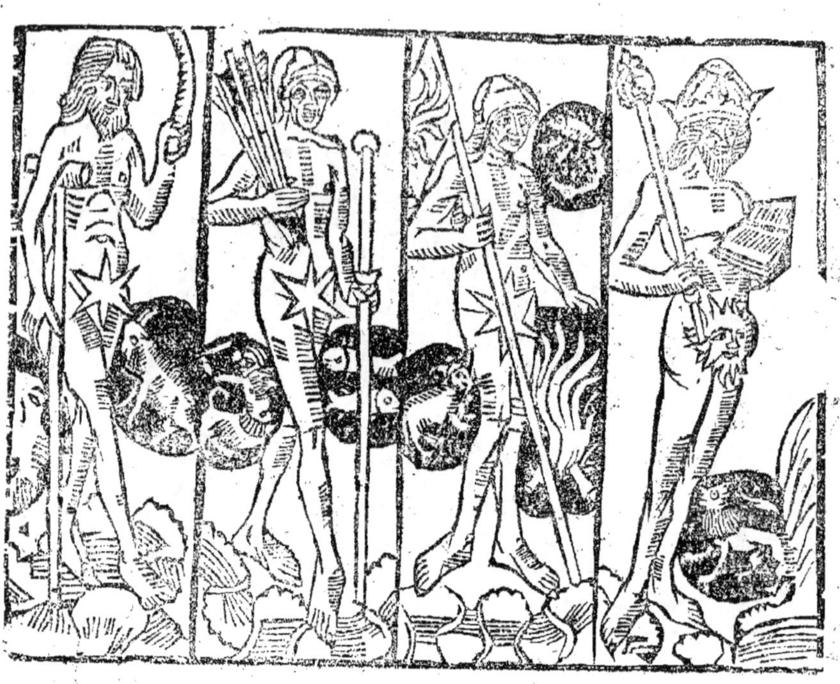

LEs heures des Planetes ſont différentes à celles des horloges, en tout temps ſont égales chacunes de quarante minutes, auſſi celles des Planetes quand les jours & les nuits ſont égaux, mais ſi les jours croiſſent, auſſi ſont les heures naturelles, pour ce qu'il convient en tout temps, le jour avoir 12 heures temporelles & la nuit auſſi, & quand les jours ſont plus grands les heures ſont ſemblables, & quand ils ſont petits les heures de la nuit ſont auſſi petites, nonobſtant une heure de nuit & une heure de jour enſemble ont 120 min. car ce que l'une laiſſe l'autre le prend, & près le jour des Planetes, à Soleil levant juſqu'à Soleil couchant, & tout le demeurant eſt nuit. Exemple. Le onze Décembre les jours n'ont que huit heures artificielles des horloges, & ils en ont 2 temporelles, diviſez les 8 heures artificielles en ſix parties égales ce ſeront douze fois 40 minutes; mais celles de nuit en ont 80, car en celui temps les nuits ont 16 heures artificielles, leſquelles diviſées en 12 parties ſont 80 minutes, & les heures du jour 40 min. qui ſont 60, tellement que deux heures temporelles ont autant que deux artificielles qui ſont chacun de 90 minutes. Le mois de Juin eſt au contraire. Au mois de Mars & Septembre toutes les heures ſont égales comme les jours ſont égaux aux autres, mais tout par égale portion avec chacune Planete ci-deſſus nommées, ſont figurez les ſignes qui ſont Maiſon de cette Planete comme deſſus a été Capricornus & Aquarius ſont maiſon de Saturne, Sagittarius & Piſces, de Jupiter, Scorpio & Aries, de Mars, Leo du Soleil, avec d'autres ſignifications qui ſeroient trop longues à raconter.

ENSEIGNEMENT DU PERE AU FILS.

Mon Fils, je te donne à entendre
Ce que je sais & puis comprendre,
Du Ciel & Astres qui y sont,
Quand je pense bien au profond,
Je considére tous les signes
Qui sont sus ou sous terre dignes,
Conséquemment d'autres Planetes,
Tant belles luisantes, claires, nettes,
Je pense la Lune coucher
Et du Soleil qui veut lever,
Je considére l'Orient,
Devers Midi l'Occident,
Septentrion & ce Pommeau,
Des Cieux fort clair luisant & beau
Pour toute créature humaine
Je veux montrer voie certaine
A toi connoître & regler
Comme dois gouverner,
Te pourrois ici voir comment
Tous Bergers savent surement
Le naturel des sept Planetes,
Que Dieu a ordonné & faites,
En les suivant avec leur signe
Tu trouveras belle doctrine
Qui te donnent avisement
De ton fait & gouvernement,
Car je te dis & si t'enseigne,
Que chacun porte son enseigne,
L'une est triste, l'autre est joyeuse,
L'une est fiere, l'autre est amoureuse,
L'une chaude, l'autre très-froide,
L'une douce. l'autre froide,
L'une venteuse, l'autre fraîche,
L'une est mouillée, l'autre seiche,
L'une arogante, l'autre bonne
Ainsi comme Dieu leur ordonne:
Concluons, plaise ou non plaise,
L'une bonne, l'autre mauvaise
Saturne froid, qui tient l'Empire
Des sept Planetes est le pire,
Et Mars chaud, qui bien l'apperçoit,
Ne vaut rien mieux chose qui soit
Jupiter bon aussi Venus,
Ces deux sont les premiers venus;
Mercure ploie à deux endroits,
Bon ou mauvais comme par droits
Se trouve joint avec quelqu'autre
Qui le fait tel que lui non autre;
Soleil & Lune ont les renoms
De moitié mauvais, moitié bons,
Ainsi sauras sans faire doute
Leur mauvaistie ou bonté toute
Par figure qui s'ensuit
Connoîtras de jour & de nuit,
En chacune heure quelle Planete
Regne selon que tu souhaite.
Et comme leurs heures sont toutes
Autres tems de longues autres courtes,
Je te montrerai par figure
De chacun sa vraie nature,
Parquoi sauras pour vérité
Sa vertu & propriété.

S'ENSUIT DE SATURNE.

SAturne, Planete nommée,
Suis ſur les autres renommée,
Et mon haut Ciel plus noblement
De tous & naturellement
Donnant eau & grande froidure,
Sec & froid ſuis de nature,
En l'Ecréviſſe veut venir
Pour mieux à mes fins parvenir,
Et ſi ne peut environner
Les douze ſignes ne paſſer
Une fois ſeule tout conclud
Que n'y mette trente ans ou plus.

De ſa propriété.

Saturne par ſa fauſſe envie,
A toutes choſes qui ont vie,
Ennemi de ſa nature
Qui ſous lui eſt né par droiture,
Eſt plein de mauvaiſe malice,
Avril & or de métier propice
Et propre pour cuir corroyer
Et pour toutes choſes ouvrer
De pain & de chair grand mangeur
En ſa bouche puante odeur,
Peſant, penſif, malicieux,
Triſte, dolent & convoiteux,
De ſcience mal eſt appris,
Dérober ou battre repris,
Cheveux noirs & bien aigus,
Et ſi n'eſt point trop fort barbus
Petits yeux caut & ſéducteur,
Viſage maigre grand menteur
Pour ſecret aſſez convenable
Et donner conſeil profitable,
Saura parler choſes antiques,
Hiſtoires, batailles, chroniques,
Groſſes épaules, bas devant,
Mal engagé, mal avenant,
Groſſes lévres, noires couleurs
Et celle qui lui eſt meilleurs
Si fortune ne lui fait guerre,
Grand amaſſeur ſera de terre
Et fera groſſe nourriture,
Baſſe ſera ſa regardeure,
N'aimera guere volontiers
Ni les ſermons ni les montiers,
Pays cheminera lointains,
Bon ſera garder ſes mains,
L'homme regarde ſur deux parties,
Sur la tête & les ouies.

S'ENSUIT DE JUPITER.

JUpiter, ſeconde Planete,
De ſa nature claire & nette,
Fort chaude, claire & venteuſe
Et de deux Signes gouverneuſe
Du poiſſon & du Sagittaire
Nul méchant fond ne lui veut faire,
N'a aucune perie ne dommage,
En l'Ecreviſſe ſe ſoulage
Et ſe maintient joyeuſement,
Il fait ſon devoir ſûrement,
De douze ans d'environner
Les douze ſignes ſans paſſer.

De ſa propriété.

Qui ſous Jupiter ſera né,
Benin & gracieux ſera trouvé,
Sera riche & de grande ſubſtance,
Sage, diſcret, plein de ſcience,
Il aimera paix & concorde,
Bon jugement miſéricorde,
Joyeuſe vie, vraie vérité,

Religion & équité
Toutes choses ingénieuses,
Connoître pierres précieuses
Abondera fort en nature
Et de tous arts il aura cure
Avoir aucune connoissance
Voudra que l'art de Négromance,
De mesurer large & long,
Le haut aussi le profond,
Au visage blanche couleur,
Bien peu couvert de rougeur,
Aucunes dents noires, nez camus,
Chauve sera & fort barbu,
Les yeux grands & larges sourcils,
Cheveux crêpés, grosse narines
Choses qui sont délicieuses,
Odorantes & savoureuses,
Aimera fort le beau langage,
Net de corps & franc de courage,
Le drap aimera verd ou gris
D'aucun ne sera repris
Pour mal, mais sera tout plaisant,
D'autrui ne sera mal disant
De nobles faits entremetable,
Chantant, riant & véritable
En marchandise droiturier,
D'or & d'argent grand trésorier
Estomac, foye, oreilles senestre,
Bras, ventre de l'homme gouverne.

S'ENSUIT DE MARS.

MArs, je suis Planete troisième,
Qui rien ai tout autre regime,
Caud & sec la barbe rousse
Volontiers & tôt me couroute,
L'un de mes signes est le Mouton,
Et l'autre est le Scorpion,
Quand en eux je me puis retraire,
Guerre & batailles je fais faire
De l'Ecrevisse veut monter
Pour les signes environner
Tous les douze par ma vigueur
Passe en deux ans c'est mon droit heur.

De sa propriété.

Quiconque sera né sous Mars,
A plusieurs maux faire est épars
Il est rouge & malicieux,
Les yeux petits & noirs cheveux.
Du tout s'adonne à faire guerre,
Ou un grand chemineur de terre
Faiseur d'épées & de couteaux,
Batteur de fer ou de métaux,
Félon, dépiteux, & plein d'injure,
Répandeur de sang par batture,
Démesuré trop en luxure,
Grosse bêtes nourrir a cure,
Rousse barbe & rond visage,
Hideux regard & fier courage,
Barbier, Chirurgien pour saigner,
Plaies & les dents arracher,
Sous Mars sont nés que les larcins
Font qui épient les chemins,
Et ceux qui sont nourris sur paille,
Noises, débats, guerre, bataille
Diligent & peu sommeil
En toutes choses où il travaille
Avec tout homme ne s'accorde,
Car en lui n'a miséricorde,
Sa force à plusieurs maux s'encline
Et en ses pieds a quelqu'une
Jupiter de Dieu & des Saints
Fort dangereuses ses mains,

Des biens d'autrui veut être
De ce qu'il a est fier & chiche,
Sur ses couleurs aime le rouge
Ou celle qui plus près le touche,
Du corps de l'homme soyez certain
Qui regarde le fiel des reins.

S'ENSUIT DU SOLEIL.

JE suis une Planete vermeil,
Nommée par tout le Soleil,
Et suis toujours les moyens
De mes freres très-anciens,
Chaud & sec suis de nature,
Du Lion aime la figure
Et en sa maison me retraire,
Saturne n'est pas beaucoup contraire
Par la froideur & sans cesser
Ma grande chaleur dût abaisser
Les signes passent tant les jours
En trois cens soixante-six jours.

De sa propriété.

Qui sous le Soleil sera né,
Beau de face sera trouvé
Et le plus beau parleur du monde
Blanc de chair, la face ronde
Voudra dissimuler la vie,
Secret usant d'hypocrisie,
S'il s'adonne à quelqu'entreprise,
Bien pourra être homme d'Eglise,
Savant, aussi de bonne foi,
Gouvernant d'autre que soi,
Aimera déduit de la chasse
Chiens & oiseaux pour sa largesse,
Avoir voudra honneur science,
Chantera de voix à plaisance,
Haut courage, bien diligent
Pour Seigneurs & non autres gens,
Juge sera entre les sages,
Eloquent, plein de doux langages,
Baillif, Prevôt ou Châtelain,
Point ne sera de cœur vilain,
Il voudra à son Jugement,
Avoir d'autrui gouvernement,
Subtil sera en fait de guerre,
A lui viendront bon conseil guerre,
Par femme aura un bénéfice
Ou en Cour de Seigneur office,
Chez des gros acquerra chevance
Pour son conseil & sa prudence,
Son signe portera au visage
Et sera de petit corsage,
Cheveux crêpés, la tête chauve,
Et les yeux tirant sur le jaune,
De membre regarde le cœur
Qui du corps tient le droit milieu.

S'ENSUIT DE VENUS.

VEnus je suis Planete nommée
Des amoureux fort bien aimée,
Moîte & froid suis de ma nature,
Deux signes sont toute Mercure,
En eux je suis à mal-plaisance,
C'est le Taureau & la Balance,
Mener je fais joyeuse vie
Aux amoureux, car Seigneurie
Ai sur eux, Mars l'amortiroit
Volontiers si pouvoit avoir
En douze mois sans rien laisser
Par douze signes veut baisser.

De la propriété.
Quand sera né dessous Venus,
Amoureux, gai sera tenu
Plaisant, joyeux à l'avenant,
Yeux noirs, peu brun, bouche riante,
De clairons, trompettes & hautbois
Voudra jouer, car une voix
Aura bonne pour bien chanter,
Pour ce voudra danser, sauter,
Jouer aux échets & table
Et être longuement à table,
Parler, manger, boire bon vin
Tant que soit ivre soir & matin,
Aimera Dames & tous beaux
Vêtemens & riches joyaux,
Pierres précieuses,
Fleurs & odeurs délicieuses,
Véritables à la bonne foi,
Autrui aimera comme soi,
Large pour fêtoyer amis,
Peu de gens seront ennemis,
Déposé sera par façons
Pour chanter bien toutes Chan-
sons,
Tant est propre & bien divisant,
Que tout ce qu'il fait est plaisant,
Brun de face & bien formé
De corps & de membre orné.
Visage rond, courte mâchoire,
Noirs sourcils & barbe noire,
Grosse perruque & très-fort noire
Quand il jure on le doit croire,
Les reins aussi ce qui est entre
Les cuisses avec le petit ventre,
C'est un quartier secret tenu
Etant la garde de Venus.

S'ENSUIT DE MERCURE.

Mercure, Planete noble,
Soit pour me venter agréa-
ble,
Sec & plein suis de grand chaleur
En deux signes est ma hauteur,
L'un est appellé *Domini*,
L'autre *Virgo* de grand souci,
Monde lui par conditions,
Prends en Virgo & en Poissons,
Point ne requiers avoir repos,
J'ai les signes passé toujours
En trois cens trente-huit jours.

De sa propriété.
Qui sous Mercure sera né,
De subtil adresse est trouvé,
Dévot & bonne conscience
Et plein sera de grand science,
Amis aquerrera par labeurs,
Hantera gens de bonnes mœurs,
De marchandise & d'écriture
Aura souci souvent & cure,
Des femmes il sera décrié
N'aura soin d'être marié,
Voudra volontiers aimer Dames
Mais que de lui ne soient Dames,
Bon Religieux sans faintise,
Sera s'il est homme d'Eglise,
Aussi marchand par mer & terre
N'aimera point d'aller en guerre,
Or, argent & grosse chevance
Amassera par sa prudence,
Ou pourra être bon ouvrier
D'aucun méchanique métier,
Grand Prêcheur, Réthoricien,
Philosophe, Géométrien,
Bien aimera les Ecritures

Nombre & Manufactures,
D'art de Musique composer
Draps, Toiles sauras mesurer,
Procureur d'aucun grand Seigneur
Ou de ses deniers Receveur
Haut front & aura longue face,
Verds yeux, barbe non point l'espece,
En justice grand plaidoyer,
Les cuisses & hanches regarde
C'est la partie du corps qu'il garde.

S'ENSUIT DE LA LUNE.

LUne suis Planette derniere
Donnant sobrement la lumiere,
Froide, moîte de ma nature,
Suis la plus belle pour conclurre,
En l'Ecrevisse est ma maison,
De moi tout roues environ
Quand je regarde bien mes mœurs
Faire ne peux mauvais labeurs,
Car en l'Escorpion descend
Qui en moi grand douceur comprend
Les douze signes sans séjours

De sa propriété.

Qui sous la Lune sera né
Bon pour servir sera trouvé
Il aura la figure belle
Ronde je n'en trouverai telle
Fort sera doux & patient,
Et suivra honnêtement,
Blanc, bien formé de corps assez,
Les deux sourcils amassez,
Vêtu sera honnêtement
Et vivra fort chastement
Les plus presque sera toujours
Vêtu de diverses couleurs
Le froid lui suera volontiers
Sa couleur blanche peu rougie,
Et toujours sera chere lie
Sur les eaux, sur mer & riviere
Saura gouverner la maniere
Saura aussi prendre poissons
Adresse faire & des façons
En ses dits sera véritable
Et aura bon maintien à table,
Fort & leger pour cheminer
Et savoir viandes apprêter,
Bon poursuivant, bon messager,
Or & argent voudra forger
Compagnie quéra pour manger,
Pour diviser & pour coucher
Haine gardera par fantaisie
Pourra sans couleur desservir
Pour parler contentera génie
Autant comme autre pour argent,
Femme honnête aimera,
Autre non & si nourrira,
Les siens enfans de bon courage
Sera plein & de beau corsage,
Le poulmon & le cerveau fort
De bien garder est son effort.

Fin des propriétés de la Lune.

Une Question & Réponse que deux Bergers font touchant la maniere des Etoiles.

AUcuns Bergers se recréant & passant leur temps en faisant diverses questions l'un à l'autre touchant la multitude des Etoiles, dont l'une des questions est telle. Un Berger dit à l'autre, je demande combien d'Etoiles sont sous une douzième partie du Zodiaque, c'est sous un signe seulement répond l'autre Berger. Soit trouvée une piéce de terre en plat pays, comme est la Beausse en Champagne, & que cette piéce de terre aye trente lieues de long & douze de large. Après qu'on aye des cloux à tête grosse, comme cloux à ferrer roues de charrettes tant qu'il suffise, & soient iceux cloux, fichez jusqu'à la tête en cette partie de terre, à quatre doigts l'un de l'autre, si que toute la piéce soit pleine.

Je te dis comme sont cloux fichez en cette piéce de terre, autant sont d'Etoiles sous le contenu d'un signe seulement, & autant sous chacun des autres à l'équipolent sous les autres endroits de tout le firmament. Le premier Berger demande comment le pourrois-tu ? Le second répond que nul n'est obligé ni tenu à prouver choses impossibles, & qu'il doit suffire au Berger touchant cette matiere ; croire simplement sans s'enquérir trop de ce que les prédécesseurs Bergers en ont dit & exposé.

Comme l'Auteur a décrit après la maniére comme les Bergers divisent la Phisionomie pour reconnoître les conditions, tant des hommes que des femmes.

PHisionomie de laquelle a été ci-devant parlé, est une science que les Bergers savent pour connoître l'inclination naturelle, bonne ou mauvaise des hommes ou femmes par aucuns signes en eux à les regarder seulement, laquelle inclination quand elle est bonne on doit la suivre, mais quand effets & à cette fin les Bergers usent de cette science & non autrement, l'homme sage peut être tout autre quant aux mœurs, que les signes de lui ne démontrent. Aussi la chose démontrée quand elle est vice n'est point à l'homme sage, combien que signe y soit, comme le bouchon du vin peut être devant la maison en laquelle n'y a plus de vin, car nonobstant que l'homme sage de son entendement n'en suivent les influences mauvaises des corps célestes qui sont sur lui, pourtant ne corrompt pas les signes & démonstrations desdites influences, mais iceux signes ont domination en ceux esquels ils sont pour avoir naturellement ce qu'ils signifient & démontrent, soit qu'on ne l'aye point. Parquoi les Bergers disent que la plupart des hommes & femmes suivent leurs inclinations naturelles à vertu, parce que la plupart ne sont pas sages comme devroient être, & si n'usent pas de la vertu de leur entendement, mais en suivent la sensualité.

& par ainsi l'influence céleste doit être démontrée par signes extérieurs, & de tels signes est la présente science de Phisionomie pour laquelle convient premierement, savoir que le temps a été divisé par quatre parties, comme devant est dit, c'est à savoir, en Printemps, Eté, Automne & Hiver, lesquels sont comparez aux quatre Elemens. Printemps à l'élément de l'Air, l'Eté au Feu, l'Automne à la Terre & l'Hiver à l'Eau, desquels Elémens tous hommes sont formés, sans lesquels nul ne peut vivre. Feu est chaud & sec. L'Air est chaud & moîte. L'Eau est moîte & froide. La Terre froide & séche, les Bergers disent que la personne sur qui le feu est Seigneur, est de complexion colérique, celui qui sur l'Air a Seigneurie est de complexion sanguine, celui qui sur l'Eté a Seigneurie est de complexion flegmatique, & celui sur qui la terre a Seigneurie est de complexion mélancolique.

S'ensuit la Figure des quatre Complexions, & les noms comme s'ensuit.

Le Colérique. Le Sanguin. Le Flegmatique. Le Mélancolique.

LE Colérique est de nature de feu chaud & sec, naturellement est maigre & grasse, convoiteux, colere & hâtif, écervelé, fol, malicieux, large de devant, subtil où il applique son bon sens, a vin de Lyon, c'est-à-dire, quand il a bien bû veut danser, quereller & battre volontiers, aime être vêtu de moyenne couleur, comme de drap gris.

Le Sanguinaire a nature de l'air, moîte & chaud, il est large, plantureux & attrempé, aimable, joyeux, chantant, riant, charnu, vermeil de visage & gracieux, il a vin de singe, tant plus il boit & plus est joyeux, se tire près des Dames, & naturellement aime habits de belle couleur.

Le Flegmatique a nature froide & moîte, il est triste, pensif, paresseux, pesant & endormi, haut, ingénieux, abondant en flegmes, volontiers crache quand il est émû, est gras de visage, & a vin de mouton.

Le Mélancolique a nature de terre, sec & froid, il est triste, pesant, convoiteux, médisant, soupçonneux, malicieux, paresseux, & a vin de porc.

Pour venir à propos de parler des Signes visibles, nous commencerons à ceux de la tête, mais avant nous avertissons qu'on se garde de toutes personnes qui ont faute de membre naturel en eux, l'homme de pied, de mains, d'œil ou d'autre membre tel qu'il soit, de boiteux, & spécialement d'homme sans barbe, car tels sont enclins à plusieurs vices, & s'en doit-on garder comme de son ennemi mortel. Après ce les Bergers disent que les cheveux roux sont volontiers coleres & ont faute de sens, même sont de petite loyauté, celui qui a les cheveux noirs, bon visage & bonne couleur, dénote qu'il est affectionné à l'amour de justice, les cheveux rudes signifie que la personne aime paix & concorde, & est de bonne adresse & subtil. Celui qui a les cheveux noirs & barbe rousse, signifie luxurieux, médisant, déloyal & venteux, les cheveux crêpés & blonds, signifie l'homme riant, luxurieux, trompeur, les cheveux noirs & crêpés, signifie l'homme mélancolique, luxurieux, mal-pesant & fort large, les cheveux pendant, signifie un sens accompagné de malice. Quand une femme a les cheveux longs & épais, cela signifie qu'elle est robuste & avaricieuse. Celui qui a les yeux gros est paresseux, peu honteux, désobéissant, croit plus savoir qu'il ne sait, mais quand les yeux sont moyens, c'est-à-dire, ni trop grands ni trop petits, & qu'ils ne sont ni noirs ni verds, tel est ingénieux, courtois & loyal, celui qui a les yeux rares, gâtez & étenus signifie malice, vengeance & trahison, les yeux qui sont grands & ont grandes paupiéres & longues, signifie folie, dur d'entendement & de mauvaise nature, l'œil qui se bouche tôt & a la vue aigue, telle personne est fraudeuse, larronne & de petite loyauté, les noirs marqués parmi clairs & luisans, sont les meilleurs & plus certains, signifie sens & discrétion & telle personne est à aimer, car elle est pleine de loyauté, les yeux qui sont ardans & étincelans, signifie gros cœur & puissant, les yeux blancs & charnus signifie la personne inclinée au vice & à luxure, & qui est pleine de fraude. Les Bergers disent que quand une personne les regorges souvent est bien honteux & peureux, & en regardant semble qui soupire & gémit en apparence en ses yeux, lors ils sont certains que telle personne les aime & désire l'honneur de celui qui regarde.

Mais quand on regarde en jettant les yeux de travers par fantaisie, tel est un effronteur & ne tâche qu'à faire tort à son prochain, telles sortes de personnes pourchassent à ravir l'honneur des femmes, tant leur lubricité est désordonnée, ceux qui ont les yeux petits, coussielets & aigus signifie la personne mélancolique, hardie, médisante & cruelle, si une petite veine apparoît entre l'œil & le nez de la femme, cela signifie virginité, & en l'homme subtilité d'entendement, si elle est grosse & noire, signifie corruption de chaleur & mélancolie en femme & en homme âpreté, rudesse & legereté de cerveau, mais cette veine n'apparoît pas toujours; les yeux jaunes signifie ladrerie & mauvaisse disposition du corps, en outre grandes paupieres & longues, signifie rude & dur d'entendement & luxure, les sourcils qui sont grands & joignent ensemble par dessus le nez, signifient malice, cruauté, luxure & envie; quand les sourcils sont longs & déliés, signifie subtilité d'adresse, sens loyal, les yeux ensoncez & grands sourcils par dessus, signifie personne, mal-disant, mal-pensant, qui boit trop, & volontiers applique son esprit à malice. Touchant le visage, quand il est petit, maigre, le nez long & le col d'une longueur médiocre, signifie la personne être courageuse, hâtif & colere, aussi le nez haut & long par nature, signifie hardiesse, le nez camus signifie hâtiveté, luxure, hardiesse & être entrepreneur, le nez aigu qui descend jusqu'à la lévre, signifie la personne malicieuse, cruelle & déloyale, le nez gros & haut au milieu, signifie homme sage & bien parlant, le nez qui a grandes narines & ouvertes, signifie glouton & ire, en outre le visage qui est court & roux, signifie la personne pleine de riole & de débat & peu loyal, le visage ni trop long ni trop court, qui n'a grande graisse, & a bonne couleur, signifie personne véritable, sage, de bon esprit & bien ordonnée en toutes choses, visage gras & peu de chair rude, signifie gloutonnerie, peu soigneux, négligent, rudesse de sang & d'esprit, visage grêle, signifie la personne avisée par mesure en toutes les œuvres, visage & petit & court, qui a jaune couleur, signifie la personne dévote, peu loyale, malicieuse & pleine de vergogne, visage long, signifie personne nuisant, peu loyale, dépiteuse & pleine de cruauté.

Ceux qui ont la bouche grande & fendue, est signe de colere & hardiesse. Petite bouche signifie mélancolie, pesant d'esprit, grossier & malplaisant, celui qui a grosses lévres est lourd d'entendement & faute de sens.

Les lévres grosses signifie qu'il est friant, & menteur, davantage les Bergers font mention des dents & du parler, les dents serrées & menues signifient personne qui aime loyaument, luxurieux & bonne complexion, dents longues & grandes signifie hâtiveté & ire. Grandes oreilles en la personne signifie folie, mais est de bonne mémoire. Oreilles petites c'est luxure & larcin. Celui qui a bonne voix est hardi, sage & bien parlant. Voix moyenne en la personne qui est trop enfantine ni trop grosse, signifie sens, pourvoyance, vérité, droiture : la personne qui parle hâtivement & qui a petite voix est personne de valeur. Grosse voix à femme est une mauvaise signification. Douce voix signifie personne pleine d'envie, de soupçon & mensonge, aussi la voix trop déliée est gros cœur & grande folie. Grosse voix signifie hâtiveté & courroux La personne qui remue quand elle contrefait sa voix est envieuse & nice, ivrogne & mal conditionné. La personne qui parle a tremblement sans se mouvoir est de parfait entendement, de bonne condition & de loyal conseil. La personne qui a le visage roux, les yeux chassieux & les dents jaunes, personne loyal & de puante haleine. La personne qui a le col long & grêle est cruel, sans pitié, hâtif & écervelé. La personne qui a le col racourci est plein de fraude, finesse & malice, même on ne s'y doit fier. La personne qui a long col & gras signifie gloutonnerie, force & de grande luxure. La femme qui est hommace & a de grands membres & rudes est par nature mélancolique, inconstante & luxurieuse. La personne qui a gros ventre & long signifie peu de sens, orgueilleux, luxure. La personne a petit ventre & large pieds signifie bon entendement, bon conseil & loyal. La personne qui a les pieds larges & hautes épaules & courbes signifie prouesse & loyauté. Les épaules aigues & longues signifie tromperie, déloyauté & personne dénaturée, quand le bras est si long qu'il se peut étendre jusqu'à la jointure du genouil, signifie prouesse, large de loyauté, honneur, bon sens & entendement, quand le bras est court, signifie ignorance de mauvaise nature, & qui aime débat, longues mains, longs doigts & gros, signifie subtilité & personne qui a desir de savoir plusieurs choses. Grosses mains larges, gros doigts, signifie force, hâtiveté & hardiesse. Les ongles clairs & de bonne couleur, signifie sens & accroissement d'honneur, les ongles hauts & longs, signifie la personne avoir peine & travail, les ongles courts signifie la personne avaricieuse, luxurieuse, orgueilleuse, pleine de sens & de malice, & le pied gros & plein de chair signifie personne outrageuse, vigoureuse & de petit sens. Petit pied & leger signifie dur d'entendement & peu de loyauté. Les pieds plats & courts signifie la personne fâcheuse, peu sage, mal-courtoise. La personne qui va à grand pas & lentement, signifie prospérer en toutes choses. La personne qui va à petits pas & vîte est soupçonneuse, pleine d'envie & mauvaise volonté. La personne qui a petits pieds & plats & les jettent en enfant, signifie hardiesse & de bon sens, mais cette personne a beaucoup de diverses pensées. La personne qui a chair molle n'est ni trop froide ni trop chaude, signifie être bien disposée de santé, bon entendement, plein de loyauté, accroissement de bien & d'honneur. La personne qui rit volontiers & a les yeux verds est débonnaire, ingénieuse, loyale & sage. La personne qui rit sans occasion est paresseuse, mélancolique & soupçonneuse. Les Bergers disent qu'il y a divers signes en l'homme & en la femme qui sont aucune fois contraires l'un à l'autre, l'on doit juger selon les signes du visage, premierement les yeux, car ce sont les plus vrais & les mieux avérés. Pour le faire court, ils disent que Dieu ne forma jamais créature pour habiter en ce monde plus sage que l'homme, car il n'est condition ni maniere semblable à icelui.

Les conditions des bêtes appropices aux hommes.

NAturellement l'Homme est hardi comme le Lion, preux comme le Bœuf, large comme le Coq, avaricieux comme le Chien, dur & âpre, débonnaire comme la Tourterelle, malicieux comme le Léopard, privé comme la Colombe, douloureux & baratteur comme le Renard, simple & débonnaire comme l'Aigle, leger comme un Cheval, lent & pieux comme l'Ours, cher & précieux comme un Eléphant, vil & paresseux comme l'Ane, rebel & inobédient comme le Rossignol, humble comme le Pigeon, fou & sot comme l'Autruche, profitable comme la Fourmi, dissolu & vagabond comme la Chévre, dépiteux comme un Faisan, sonef & doux comme un Poussin, muable comme le Poisson, luxurieux comme un Chameau, traître comme un Mulet, avisé comme la Souris, raisonnable comme les Anges, & pource est-il appellé nouveau monde, car il participe de tout, où est appellé toute créature, car comme dit est, il participe & a condition de toutes créatures.

Dictes Notables.

Qui met du tout son cœur en Dieu
Il a son cœur & s'il a Dieu,
Et qui le met en autre lieu
Il perd son cœur & si perd Dieu.

Humble maintien & assuré
Langage meur, amoureux véritable
Habit moyen, honnête assaisonné,
Froid en son fait, constant & raisonnable.

Hanter les bons, sages, vaillans & preux,
Réfection sobre à heure, briéve table
Font homme sage à tous gracieux.

Trop parler, peu dire & voir,
Trop cuider & peu savoir,
Trop dépendre & peu voir,
Ce sont trois points de rien avoir.

Les

Les Bergers pratiquent leur Quadran de nuit comme vous voyez la Figure.

PAr la Figure ci-après on peu connoître les heures de nuit en la maniere qui s'ensuit.

Soit connue l'Etoile que nous appellons Pommeau du Ciel, & droit sous elle est le Soleil à l'heure de minuit à l'endroit de l'Etoile sur la terre. Nous appellons angle de la terre, lequel quand nous voulons voir à l'œil regardons notre Pommeau comme le fait cette corde, & le bout du bas de la corde est l'angle de la terre, & le Soleil est droit dessous les grandes lignes qui traversent l'Etoile de la figure qui est le Pommeau des Cieux, servent pour deux heures, & les petites pour une heure; mais encore servent les lignes en changement de l'Etoile qui signifie la minuit, & conséquemment les autres, car grandes lignes servent à un mois, & les petites six jours. La seconde soit tendue qu'on la voie droite sur le Pommeau. Et notez aucunes Etoiles sous la garde qu'on puisse toujours connoître, & sera celle que tout le temps nous enseigne les heures par nuit. Après imagine un cercle, entour le Pommeau & la distance de l'Etoile notée, auquel cercle imaginez les signes ensemble distance comme ils sont en la figure. Autant de distance comme l'Etoile notée sera devant la corde, & autant seront d'heures devant minuit, & autant comme elle sera après la corde, autant d'heures après minuit. Il faut savoir que l'Etoile notée changera son lieu en quinze jours, & la distance d'une heure en un mois de deux, parquoi convient rendre minuit en quinze jours plus avant de la distance d'une heure, en un mois de deux, en deux mois de quatre, en trois mois de six, sans qu'en six mois l'Etoile notée qui étoit droite dessous le Pommeau & droite dessus, & en autres six mois revient au point où soit premier noté. Et ne doit pas changer cette Etoile notée, mais la doit-on bien choisir entre plusieurs la plus comble la plus facile à trouver entre les autres.

Par cette Figure les Bergers connoissent la nuit aux champs en tout temps quelle heure il est, soit devant minuit ou après.

POur connoitre de nuit l'endroit de midi comme celui de minuit, le haut Orient & le haut Occident, le bas Orient & le bas Occident, à l'endroit du Ciel que chacun signe leve. Les Bergers usent de cette pratique.

Soit tendue une corde qui tienne par haut & par bas, puis une autre à plomb qui abaisse jusqu'à ce qu'il soit temps de l'arrêter, qu'elles soient distantes l'une à l'autre tellement dressée qu'on voie l'Etoile du Pommeau au droit dessous les deux cordes ensemble, puis soit arrêtée la corde à plomb par haut & par bas. Qui voudra maintenant voir midi droitement, soit nuit ou jour, mette de l'autre partie des cordes & verras le droit minuit, comme qu'il soit jour pour le plus haut point du Zodiaque au plus long jour d'Eté, soit vû le Soleil sous les deux cordes à l'heure de midi, soit si près qu'on touche les cordes. Et note en la corde vers le Soleil, la hauteur où on la veut, puis de nuit soient notées aucunes étoiles qu'on puisse toujours connoître en celui endroit, c'est le passage ou Solstice d'Eté.

Et quand les jours sont au plus court, les Etoiles qu'on voit à minuit au point de midi, soit droitement celles qui sont proche du Solstice d'Eté, lequel a le signe prochain vers l'Orient Cancer, & le signe prochain vers Occident Gemini.

Et comme est dit du haut Solstice d'Eté, on pourra pratiquer le bas Solstice d'Hiver qu'on voit sur le midi quand les jours sont courts sur l'endroit de minuit, & son prochain signe devers Orient est Capricorne, & celui vers Occident est Sagittaire, on pourra noter le haut & bas Orient; mais conviendroit qu'il fût quand les jours sont longs & petits, & la distance entre les deux Oriens divisez en douze parties égales, par chacune levent deux signes, par la partie prochaine du haut Orient se leve Gemini & Cancer, par la seconde Taurus & Leo, par la trois Aries & Virgo, par la quatre Pisces & Libra, par la cinq Aquarius & Scorpius, par la six plus près d'Occident, Capricornus & Sagittarius, & par plusieurs autres choses qu'on peut pratiquer au Ciel.

Les Bergers qui couchent la nuit aux champs voyent plusieurs signes en l'air & sur terres, que ceux qui couchent en lit ne voyent pas; ils ont vû des fois en l'air une maniere de Comete en façon de Dragon, jettant du feu, d'autrefois ils ont vû du feu en forme de Chevre qui saute & dure peu, & d'autrefois une barre blanche, laquelle paroît de nuit en exhalaison.

Le Dragon volant saillant le chemin de Saint Jacques.

Autres impressions sont comme feu flambant qui monte, autres comme feu flambant qui va de côté & d'autre comme feu arrêté, & icelui dure longuement. D'autres sont qui font moult grande flamme & ne durent pas longuement, sont comme chandelles, aucunes fois grosses, aucunes fois petites, & celles-ci se voyent en l'air & sur terre comme une lance ardante.

Lance de Feu. *Chandelle ardente.*

Feu montant. Etincelles ardentes. Fourches ardentes. Feu fol.

LEs Bergers voyent encore des Cometes en une autre maniere; ſavoir en façon d'une colomne ardente & dure longuement. Une autre façon d'Etoile volante & tôt paſſée, mais la tierce eſt Comete couée, laquelle dure plus. Ils voyent cinq Etoiles erratiques qui ne vont pas comme les autres, & ſont celles qu'ils appellent Planetes; mais ſont formées d'Etoiles, ſont Saturne, Jupiter, Mars, Venus & Mercure. Et ſe voyent des Etoiles qu'on appelle Etoiles Barbues, d'autres chevelues, & d'autres Etoiles à queues.

Etoiles erratiques. Comete couée. Etoiles volantes. Colombe ardente.

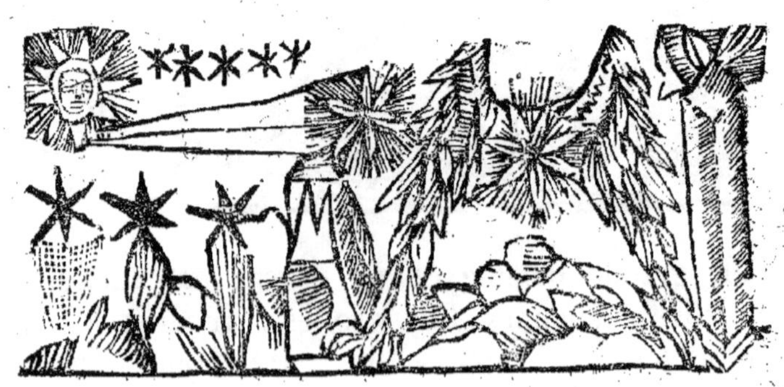

Etoile cavée. Etoile chevelue. Etoile barbue.

Quatuor his casibus fine dupla cadit adubter
Aut hæc pauperit, aut subit morietur,
Aut cadatim causam quo debet judico vincit,
Aut quod membrum casu vel crimine perdet.

COmbien que ces impressions ci-dessus semblent choses merveilleuses à gens qui ne les ont vues. Parquoi aucuns disent qui sont en partie impossible. Sachez que l'on disoit l'an mil quatre cens quatre-vingt-douze, le septième jour de Novembre, chose plus merveilleuse advint en la Cité de Ferrare de la hache d'Autriche, près d'une Ville nommée Enschim où faisoit ce jour tonnerre moult horrible; en plein champ auprès de ladite Ville tomba une pierre de foudre qui pesoit deux cens cinquante-quatre livres & plus, laquelle pierre à présent est gardée en ladite Ville d'Enschim, & la voit qui veut.

Ci-après s'ensuit la déclaration des douze mois de l'année, touchant de la nature des hommes & femmes, & selon l'âge qu'ils peuvent vivre, soit en sagesse ou folie, depuis leur jeunesse jusqu'en leur vieillesse, & tout selon le cours de la nature.

Ni force ni vertu avoir.

IL est vrai qu'en douze Saisons
Changent douze fois les enfans,
Ainsi que les douze mois
Se chargent en l'an quatre fois
Et chacun par cours de nature,
Tout ensuit la créature
Et change de six ans en six ans,
Par douze fois c'est douze temps,
Adonc se va gésir en l'ombre
De vieillesse où il faut venir,
Qu'il faut donc jeune mourir.

Janvier.

Premier doit prendre ou commencer
Six ans pour les mois de Janvier
Qui n'a ni force ni vertu
Quand l'enfant a six ans vécu
Tel est-il sans nul bien savoir

Février.

Les autres six ans le font croître,
Adonc l'apprend un peu à connoître
Etre doux & aimable,
Plaisant, gracieux & serviable,
Ainsi fait Février tous les ans,
Qu'en la fin se prend le Printemps.

Mars.

Mais qu'en des ans a dix-huit,
Adonc se change à déduit,
Qui cuident valoir mille marcs
Se comparant au mois de Mars,
En beauté change & prend valeur.

Avril.

Lors vient Avril, ce beau jour
Qui toute chose réjouit
L'herbe croît & l'arbre fleurit,
Les oiseaux reprennent leurs chants,
Et aussi à vingt-quatre ans
Devient l'homme fort vertueux,
Joli, gentil & amoureux,
Et se change en maint état gai.

Mai.

A trente ans va regnant en Mai
Le plus plaisant des douze mois,
Sur tout autre nommé Roi,
Ainsi devient-il homme fort
A trente ans & ferme de corps
Pour bien tenir l'épée au poing,
Puis va tenir au mois de Juin.

Juin.

Trente ans ni plus ni moins
C'est un mois de grande chaleur plein
Et aussi qu'à trente-six ans
L'homme devient chaud & bouil-
lant,
Et commence fort à meurir,
A cueillir & s'aviser.

Juillet.

Et quand vient à régner en Juil-
let,
On ne l'appelle plus Juillet,
Qu'il a des ans quarante-deux,
Ce mois a passé toutes fleurs
De ce commence à décliner,
Aussi se commence à passer
La beauté d'une créature.

Août.

Qu'un homme à quarante-huit ans
Après vient Août qui tout meure,
Or a mal employé son temps
S'il a quarante-huit ans d'âge
Ne se change en matiere sage,
Car adonc se doit aviser
Combien a des biens amassez
Pour avoir repos & vieillesse,
Car en ce temps est de jeunesse
Et se change en couleur de marbre,
Ainsi comme bled en la gerbe
Se change en ce mois d'Août,
En grande folie use son goût,
Que de folie ne se remembre.

Septembre.

Et quand vient régner Septembre
Il a des ans cinquante-quatre,
Un seul on n'en pourroit rabattre,
Septembre je vous certifie
Est une Saison riche & jolie,
Car elle fait les bleds soyer,
Et on commence à vendanger,
Qui a des biens si les engagent
Quand il a cinquante-quatre ans
Jamais il ne viendra à temps.

Octobre.

A soixante-ans est riche l'homme
Aussi est la riche Saison,
Du mois qui vient en Septembre

On l'appelle le mois d'Octobre,
Il a soixante & non plus,
L'on devient caduc & chenu,
Si on est riche à la bonne heure,
S'il est pauvre se plaint & pleure
Le temps qu'il a mal passé,
Lors ébahi par pauvreté,
Damne le corps & gâte l'ame,
Et avec chacun le blâme
Pour les outrages qu'il a fait.

Novembre.

Or vient Novembre qui l'attrait
Jusqu'à soixante-six ans,
Que lors on voit tout devenir,
Les arbres si que tout en tout
N'y demeure feuille ni fleur
Toute verdure meurt & seiche,
Toute beauté perd sa noblesse,
Celui qui a soixante-six ans
Apparoît bien, car il s'en va,
Et peut bien savoir s'il a tort
Que ses hoirs désirent sa mort,
Soit en ce temps ou pauvre ou riche,
Car s'il est pauvre on le dit nice,
Et si ne peut gagner n'avoir
On le voudroit bien voir mourir,
Afin qu'on pût le voir partir.

Décembre.

Au temps que vient en Décembre,
Tous lui appétissent les membres,
Car il a soixante-douze ans,
En ce mois se meurt le temps,
Toute verdure perd sa puissance,
Tous ébats sont en déplaisance,
Et tous enseignemens c'est la somme
Qu'il n'y a plus de plaisance en l'homme,
Il aimeroit mieux des chauds flancs
Que l'amour d'une Demoiselle,
Bon lit & parfonde écuelle,
Avoir toute sa volonté,
Passé mainte Hiver & mainte Eté,
Et si vaut pire en l'an qu'en rang,
Ainsi ne vit l'homme qu'un an.

L'AUTEUR.

PAr les douze mois figurés
Et les naturels rapportent,
Selon que chacun a son régne
Tout homme fort n'a pas grand régime,
Au monde bien peu de déduit,
Car la moitié s'en va par nuit
Que l'homme dort & perd son tems
Jusqu'à quinze ans est mourant,
Autre cinq ans perdra saison
Par maladie ou par prison,
Demi le temps s'en va nuit,
Que l'homme dort n'est dit qu'il vit
Trente-six ans que dormir monte,
Et quinze, cinq rabat du compte,
Seize en y de demeurant,
Ne plus ne va l'homme régnant,
Si follement il se marie,
Jamais n'aura bien en sa vie,
Et quand il a joué ses souhaits
Ainsi n'a gagné que les faits.

S'ENSUIT LES DITS DES OISEAUX, comme les Pasteurs gardant leurs Brebis, les entendent chanter & parler en leurs langages.

Premierement l'Aigle.

De tous Oiseaux je suis le Roi,
Voler je puis en si haut lieu,
Que le Soleil de près je vois,
Heureux sont ceux qui verront Dieu.

Le Chat-huant.

Chaque Oiseau me chasse & déboute
Parquoi me faut aller de nuit
De mes yeux de jour je ne vois goutte,
Qui fait péché lui nuit.

La Caille.

Charité est tant en moi,
Que je ne me peux abstenir,
Je fais ce que faire ne doit,
Luxurieux doit mal finir.

La Huppe.

Manger ne veux sinon ordure,
Car en punaise me tient,
Si je suis de cette figure,
Beauté ne vaut rien si elle ne tient.

Le Faucon.

On m'appelle Faucon gentil,
Aucunes fois je fais ramage,
J'aime les grands & les petits,
Ainsi fit Dieu l'humain lignage.

Le Butor.

Quand je veux dedans l'eau crier
Je fais un si horrible son,
Nul ne doit son mal publier,
Ne d'autrui blâmer le renom.

Le Rossignol.

Quand ce vient le beau temps de Mai,
Je suis joli & amoureux,
Et si je n'ai souci n'émoi,
Qui craint Dieu est bien-heureux.

La Tourterelle.

Chasteté regarde nettement,
Quand je point de compagnie
Vivre veux solitairement,
Cœur devot aime nettement.

Le Gros-Bec.

Si tu veux bien garder ta terre
Garde de n'entreprendre guerre,
Tel est souvent bien haut monté
Qu'on le voit puis en souffreté.

La Grue.

Ma compagnie aimer le veux,
Douce lui suis & débonnaire,
A la garder j'ai toujours l'œil,
Le bon Pasteur ainsi doit faire.

Le Verdier.

Le Verdier.

Sans faire tort ni dommage
A voisins que j'ai nullement,
Je vis sans faire aucun outrage.
Biens viennent, on ne sait comment.

La Cicogne.

Pour mieux vivre à ma plaisance,
J'aime mieux le peuple humain,
Des miens nourrir j'ai souvenance,
Chacun doit aimer son prochain.

Le Pinson.

Le tems d'hyver m'est fort contraire,
Car il me fait grand froid avoir,
Pour m'en garder que dois-je faire?
Rien ne me vaudroit le savoir.

Le Phénix.

Seul au monde je vis longuement,
Et puis je meurs par droit divin,
Vivre reviens hâtivement;
Les bons auront joie sans fin.

La Pie.

Qui son secret voudra céler,
De chacun & en tous endroits
Si se garde de trop parler,
Trop parler nuit aucunes fois.

Le Phaisan.

Je suis pour créature humaine
Bon à manger & savoureux,
Qui viande veut plus certaine,
Dieu donne biens délicieux.

Le Corbeau.

Souvent je pense en funérailles,
A cela n'est tout mon remord,
Ne m'en chaud comment il en aille,
De l'ame, mais j'ai le corps.

Le Haubert.

Haut & bas je vais pourchasser,
Où je prendrai ma nourriture;
Quand je vois les chasseurs chasser,
Près je me tiens pour l'aventure.

Le Cormorand.

Sage n'est pas la Créature
Qui vit au dommage d'autrui;
Dieu fera à chacun droiture,
Nul mal ne demeure impuni.

L'Arrondelle.

Mes petits je guéris des yeux,
Et fais qu'ils voient clairement
Qui veut voir le Roi des Cieux,
Lui convient vivre loyaument.

La Corneille.

Ne veuilles pauvres dépriser,
Si l'on parle de ton profit,
Fais le bien dequoi il agit,
Car c'est pour te bien aviser.

L'Etourneau.

Point ne vais en Normandie,
Pour ce qu'il n'y croît nuls raisins,
Rien n'est si bon quoi qu'on en die
Que d'être près de ses voisins.

Le Paon.

Quand je vois ma belle figure,
Orgueilleux suis, hautain & fier,
Mais telle beauté peu me dure:
On ne doit autrui mépriser.

L'Allouette.

Lorsque le temps est pluvieux,
Et qu'il se veut tourner en chaud,
Un chant je chante gracieux,
Et rends graces au Dieu d'en haut.

L'Oriot.

Quand cerises sont en saison,
Je dis Confiteor Deo
Mais rien ne vaut confession,
Qui ne fait satisfaction.

Le Cigne.

Chanter je sais bien en ma vie,

Chant qui est fort mélodieux,
Quand je meurs point je n'oublie,
Qui bien vit, doit mourir joyeux.

Le Coq.

Hardi je suis & libéral,
Me maintiens toujours en ce monde,
Amoureux suis & cordial,
Charité en tous biens abonde.

La Poule.

Toujours je suis embesognée
Pour le profit de la maison
Des œufs je fais maints en l'année,
Et des poulets en la saison.

L'Oie.

J'aime mon maître & ma maîtresse
Sur ma plume dormant au lit,
Après auront ma chair & graisse,
Ce leur sera un grand profit.

Le Canard.

Toujours j'ai le bec en l'ordure,
Car je me plonge en ord lieu,
Ainsi fait qui vit en luxure,
Aveugle est-il qui ne craint Dieu.

La Cannette.

Je vais je viens par des ruisseaux,
Et barbotte comment qu'il aille,
Si on lave tripes & boyaux,
M'en demeure quelque vituaille.

Le Pivoine.

En tout tems je suis par nature
Simule & fait de belle maniere;
De noir toujours est ma vêture,
Simples gens font grande chere.

Le Chardonneret.

Ma robe est de plusieurs couleurs,
Mais le bonnet est d'écarlate;
De ma femme je suis jaloux,
Et ne la laisse point seulette.

Le Passereau.

Prisé je suis de nature,
Car je me tiens entour les gens;
De pauvre maison je n'ai cure,
On ne prise rien pauvres gens.

Le Héron.

Je me tiens en lieux aquatiques,
C'est le plus beau de mon déduit,
Toujours j'y trouve pratiques,
Et si n'en mene pas grand bruit.

L'Orfraye.

Je prends au poil & à la plume,
Il ne m'en chaut, mais que j'en aie,
Prendre & ravoir c'est ma coutume,
Mais fol est qui prend s'il ne paie.

L'Emerillon.

Tant que mon pouvoir peut durer
Je ne veux mes sujets grever,
Vivre du sien c'est grand'noblesse,
Qui fait autrement autrui blesse.

La Fovette.

Tout au long du jour me repose.
En un trou je suis à delivre
Des oiseaux, mais en la nuit close
Je m'envole cherchant pour vivre.

La Perdrix.

Je me mets souvent en danger,
Pour garantir ma compagnie,
J'en laisse le boire & manger,
Celui qui bien vit, Dieu ne l'oublie.

La Trye.

Je chante & mene bonne fête,
Quand je sens le doux temps venir
De faire mon nid je m'apprête,
Je ne m'en pourrois pas tenir.

L'Oisez.

Quand les autres vont coucher,
Adonc il me convient vêtir
Pour aller ma vie pourchasser,

Comme fait la Chauve-souris.

La Bécace.

Je ne repose jour ni nuit.
En nul temps ne suis oisive,
Il est sage celui qui fuit
Paresse, car elle est périlleuse.

Le Pélican.

Je suis d'une telle nature,
Quand je veux mourir pour miens,
La vie leur rend par morsure;
Aussi fit Jesus-Christ aux siens.

Le Lauter.

Je suis semblable aux Avocats,
Rien ne fais si n'ai à boire,
Pour néant on compte son cas,
Car tels ont beau crier & braire.

La Chouette.

Je suis tenue tant larronnesse,
Que chacun fuit ma compagnie;
Ainsi est l'ame pécheresse,
Par péché de Dieu fors bannie.

L'Epervier.

Par-dessus tous oiseaux de proie
Je suis de plus gentil lignage,
Pour néanmoins me priserois,
Qui moins se prise plus est sage.

Le Pivert.

Je suis bon Astrologien,
Car quand le temps se veut changer,
Incontinent je le sens bien,
Le corps me prend à frémier.

Le l'Apegaut.

Je suis verd en toute saison,
Je ne change point ma livrée,
Je ne vêts draps de toison;
Ce monde n'a longue durée.

Le Pivert noir.

Par mon bec j'ai arbres maints
Fait mourir, que c'est dommage;
Aussi ont fait plusieurs humains
Autres gens par leur langage.

Le Merle.

En tout tems suis vêtu de noir,
Sur moi n'a aucune devise,
Qui voudra robe blanche avoir
Serve Dieu & aime l'Eglise.

Le Mauvis.

Je suis d'une grande diligence,
Pour pourchasser ma pauvre vie,
Je ne demande or ne chevance,
Tel est aujourd'hui qui demain n'a
vie.

Le Cocu.

Las! je suis de mauvaise sorte,
Car quand de manger j'ai envie;
Je mange celui qui me porte
Et me nourrit toute ma vie.

Le Chappon.

A plusieurs gens vaudroit trop
mieux
Qu'ils fussent châtrés comme moi.
Meilleurs seroient moins vicieux,
Et plus en grace du haut Roi.

Le grand Orfraye.

Je ressemble aux Enfans de Tours
Je mange chair & poisson,
Mais il me faut faire maints tours
Avant que j'aie ma provision.

Le Geai.

On ne voit que moi au bocage,
Braire, crier, mon bec n'arrête,
Celui qui a trop de langage,
En lieu de bien ne dût point être.

Le Geai en cage.

Mon ventre fait que je babille,
Encore que je sois emprisonné,
Qui ne veut être ruiné,
Doit savoir un métier utile.

La Calendre.

Cousine suis du Rossignol,
Qui est tenu tant gracieux,
Cousins assez amis ce vol,
Cousins ne sont bons que pour eux.

Le Pedrieux.

Les uns m'appellent le Pedrieux,
Les autres l'oiseau Saint Martin,
En nul tems je ne suis oiseux,
Ma journée commence au matin.

Le Tiercelet.

Je prend souvent où je n'ai rien,
Ce n'est pas vêcu loyaument,
Laisse chacun ce qui est sien,
C'est de Dieu le commandement.

La Messange.

L'Ecriture dit qu'on ne doit
Dépriser les petites gens,
Et que tel est petit qui voit
En science comme les grands.

Le Pigeon.

Pourtant si je n'ai point de fiel,
Je ne laisse à être ireux;
Tel se montre plus doux que miel
Qui felon est dangéreux.

Le Pigeon Ramier.

Je suis un Sergent qui amasse,
Car j'adjourne tous mes voisins,
Quand je vois que l'hiver ne passe,
Qui paissent choux par les Jardins.

La Colombe.

Devant tous oiseaux je suis pure,
Pour simple & de bonne matiere,
Quand durant le temps du déluge
Je fus leur bonne ménagere.

Le Vautour.

Ha! je sens de plus de sept lieues
S'il y a sur les champs des morts,
Afin que mes Religieux
Et moi allions quérir le corps.

La Corneille.

Je chante fort près des Meuniers,
J'amene d'eux assez souvent,
S'il y a des bleds aux Greniers,
Ils en auront soit pluie ou vent.

Le Roitelet aux bois.

Seigneur, conseil veux demander
Afin qu'amour puisse conquerre,
Et aussi maintenir ma terre,
Qu'en paix puisse toujours regner.

Le Heron.

Il n'est homme tant soit subtil,
Qui puisse rien prendre en mon aire
A ceux qui étoient en péril,
Dieu leur fut doux & débonnaire.

Le Trouillet.

Diligence est si grande vertu,
Qu'on dit que passe sapience;
Maintes personnes sont vêtues.
Par subtile adresse & science.

La Bergeronnette.

L'Apôtre dit que nous fuiyons
Les œuvres qui sont ténébreuses,
Et que nous armions & vêtions
Des armes de Dieu vertueuses.

La Frezet.

En ténébres fais ma journée,
Je ne veux clarté ni lumiere,
Celui ou celle est détournée
De Dieu qui vit en telle maniere.

Le Moineau.

Aucun doit son corps fouler,
N'accoller femme ne baiser,
Si elle n'est sienne & si elle déplaît,
Toujours n'est pas tant de danser.

Le Martinet.

Je visite fort les eaux,
J'y trouve pour vivre pâture,

Ceux qui ont profits bons & beaux,
Qui comme moi y mettent cure.

L'Outarde.

Guéres de gens n'ont à moi part,
S'il y a aucuns qui trop tarde,
Souvent on dit matin & tard,
Il est bien gardé que Dieu garde.

Le Pingret.

Meuniers & moi sommes tout un
Car nous pêchons verons & loches
Mais les Meuniers n'est de cent un
Qui volontiers ne prenne ès proches.

Le Hibou.

Je fais petits oiseaux trembler,
Par nuit tant fais un hideux cri,
Du tout ne m'oserois montrer,
Car par eux je serois détruit.

La Chauve-Souris.

On m'a vu que j'étois plumé,
Mais pour un cas que j'ai commis
Les oiseaux m'ont tout déplumé,
Et hors de leur compagnie mis.

L'Autruche.

Je digere acier & fer,
Sans me douloir la poitrine,
Qui me voudra éviter en fer,
Si ensuive bonne doctrine,
Je fais encore chose digne,
Quand pour mon regard seulement
De mes œufs je fais issir lignée,
Sans les toucher aucunement,
Il n'y a sous le firmament
Oiseau de ma condition,
Mais Dieu qui ne faux nullement
Moi & les miens regration.

Le Papillon.

Papillon suis en l'air volant,
Je veux me conduire à plaisir,
En volant n'a petit enfant,
Qui sur moi n'ait vrai desir.

Fin des Oiseaux.

De la maniere de connoître le temps par les Oiseaux, & de savoir du beau temps & de la pluie.

NEcessairement appartient & convient que le Berger ait connoissance du temps, & pour avoir de ce aucune enseigne, il doit avoir considération de plusieurs choses.

Des Etourneaux.

En temps d'Hiver advient souvent que les Etourneaux s'assemblent à grandes troupes volent ensemble, aucunes fois s'assient sous un Ormel ou autres grands arbres. Si doit le Berger avoir regard comment les Etourneaux se jettent de dessus l'Ormel; car quand ils partent tous ensemble d'une volée, ce signifie grande froidure, & s'ils partent par petites volées l'un après l'autre, c'est signe de pluie.

Du Heron.

Quand le Heron se leve de sa pâture, s'il s'écrie haut au lever, c'est signe de doux temps. S'il vole contre le vent de bize, signifie grande froidure, S'il vole contre le vent d'aval que les Bergers appellent plungel, signifie pluie, & si le Heron au retour de son vol se rasseoit près du lieu où il est parti, c'est signe que le temps dessusdit est avenir prochainement. S'il vole & se rassie loin de-là où il se leve, la mutation dudit temps sera différée & n'adviendra pas si-tôt.

De l'Arondelle.

Quand l'Arondelle vole bien haut & par loisir à longs traits, signifie pluie, & quand elle vole bas & vîte près de terre, signifie pluie froide, & étant en l'air s'ébatant & quérant les mouches, signifie beau temps.

Du Huas.

Le Huas nommé écoufle, est un oiseau qui a coutume de siffler & crier en l'air, & ce peut être pour deux causes, l'une est quand il a frimil crie, & plus aigrement, l'autre cause est à quoi le Berger doit avoir considération qu'il fait au significat du temps. Car quand il crie plus bassement & mollement en disant, hui, hui, il annonce la pluie.

De l'Espere.

De l'oiseau que l'on nomme l'Espere ou Pivart, on peut faire semblable jugement comme il est dit de l'Ecoufle ou Huas; car il crie bien hautement quand il doit pleuvoir.

Du Verdier.

Toutefois que le Verdier met à point ses plumes & les applanit de son bec, vrai signe de pluie. Cette signification est souvent approuvée par les Bergers qui ont égard audit oiseau, & est appellé Verdier, pour la couleur de ses plumes à cause qu'elles sont vertes.

Du Butor.

Un autre oiseau que l'on nomme Butor, aucuns l'appellent Bruitor, il a long bec aigu & habite ès marets & ès prés, sur les rivieres, ainsi que fait le Heron & ne chante fort qu'en temps d'Eté, & est sa voix ouie de loin. Quand il doit faire beau temps, il chante hautement & donne si grand son & tels bondissemens de sa voix que par nuit on le pourroit entendre de plus d'une demie lieue de loin, & quand il doit pleuvoir, il chante plus bas & plus lentement, & ne rend pas si grand son.

De la Pie.

La Pie qu'aucuns nomment Agache, est mout malicieuse, & en pronostication est une droite fébile, mais chacun Berger n'entend pas son langage, aucunes fois par sa criée annonce le beau temps, & aucunes fois la pluie, & combien qu'elle soit assez trichereste, toutefois principalement quand elle brai & agache, & crie souvent continuellement, & se tient près des haies ou buissons, en demenant sa noise, signifie qu'il y a loup, renard ou aucun mâle assez près.

De la Corneille.

La Corneille annonce souvent la pluie par son cri, auquel le subtil Berger doit avoir égard, car il différe en aucuns mois, & quelquefois au matin quand il doit pleuvoir il prononce une maniere de cri qui dit glaras, glaras, & ce signifie pluie, même quand il est prononcé par Corneille bise que l'on nomme saisie, & vient toujours contre l'hiver temps quand les Hirondelles partent de cette région, & aussi s'en va répondre lorsque les Hirondelles viennent en la nouvelle saison, qui commence à l'entrée d'Avril, ces oiseaux & plusieurs autres qui volent en l'air, savent du temps par la divine providence, & aussi voit-on que les coulons s'en retournent mout roidement en leur colombier, & quand ils viennent ainsi volant en grand hâte, signifie tempête ou grosse pluie à venir prochainement. Si doit le Berger considérer diligemment les choses susdites & assez d'autres qu'il peut apprendre pour savoir l'état du temps & le gouvernement de son bestial.

Comme le Berger se doit gouverner, tant pour sa santé que pour le regard de ses bêtes, aussi le reméde pour guérir & empêcher qu'aucuns sorciers ne fassent mourir leurs troupeaux; ensemble toutes choses pour regler les Bergers selon son art.

De l'utilité & profit de la connoissance de ces choses.

DU profit & utilité de ce Traité nous lisons que Dieu tout-puissant fit & créa les Poles de ce monde des Cieux & des Elémens, & forma l'homme sur la terre, & qu'entre les autres grands dons qu'il fit à l'homme par sa grace il lui donna bêtes nommées ouailles portant laine, & les soumit & abandonna à l'homme pour ses alimens & nourriture & pour autres nécessités, & de ce parle le Prophête Royal David en son Pseautier au septième Verset du huitième Pseaume. Dieu, dit-il, tu as toutes choses soumises à l'homme, ouailles, bœufs & vaches, & tous les bestiaux des champs. Assez bon à croire & devons entendre que la vie qui fait remuer l'esprit & le corps, par icelui nous est sus, & par eux gouvernée. Et la nourriture & pâture nous est donnée des Elémens comme nous le voions. Car nous usons des oiseaux & volatille de l'air & des bêtes animales, ouailles, des fruits, semences, plantes, herbes & racines de la terre, des poissons de la mer & des racines des caves douces. Le feu aussi est nécessaire pour chaleur, pour mouvement & conservation de la génération, pour recouvrer la corruption, pour cuire les viandes, pour aider à la digestion & autres choses de sa propriété.

Or doit l'homme rendre grace à Dieu de tous ses bénéfices, & mêmement des ouailles qu'il a soumis comme dit est, à l'usage & profit de l'homme, rend pour le don de Dieu qui fait les gens de si grand honneur & de telle dignité, qu'ils sont pour l'utilité des ouailles. Chacun Pasteur, de quelle dignité, autorité ou préeminence qu'il soit, est tenu de garder & défendre ses ouailles & bêtes qui sont sous sa cure & en la subjection des ennemis visibles & invisibles, leur doit donner santé, & faire secours contre tout ce qui pourroit nuire, la raison & la cause mouvante de l'utilité & profit est très-claire & profitable. Premièrement de la laine & tonture de l'ouaille, sont faits les draps, desquels les Rois, les Princes & grands Seigneurs & toutes les personnes de l'humain genre sont vêtus, & dequoi notre humanité est couverte. L'on peut changer les draps en plusieurs & diverses couleurs & teintures pour draps de laine que l'on nomme écarlate pour faire les ouvrages & pourtraitures de bêtes, de poissons, d'oiseaux, de fleurs, de feuilles & autres belles choses plaisantes à voir, & pouvoir apporter des draps de laine en telle partie de ce monde, qu'on les vendroit plus cherement que draps de soie. Et aussi est & doit être une brebis honorée & chere tenue pour le bien de sa laine, qu'un ver ou vermine convient la soie. Les peaux des ouailles, moutons & bêtes à laine dont nous parlons sont profitables pour faire parchemins à faire livres d'Eglise & plusieurs écritures, & pour taner & corroyer en plusieurs manieres pour l'utilité de plusieurs, dont les particularités seroient trop longues à mettre en écrit.

La chair de mouton & d'ouaille est bonne pour nourrir créature humaine. Les Ecoliers à Paris ou ailleurs, savent bien, & l'on en fait bon service à table plus communément que chair d'autres bêtes ni pour manger avec poirée, & pour faire plusieurs viandes en temps convenable.

Les entrailles que l'on appelle tripes, & la tête des brebis que les gens de Picardie nomment rabardeures. Les pieds, le foie, le poulmon, lorsqu'il n'est point blessé ni corrompu de dauves & d'autres mauvaises herbes, & les autres choses de par dedans sont bonnes aux pauvres gens, car plusieurs en prennent nourriture en suffisance.

Le suif & la graisse sont propres pour faire chandelles, onguens, pour la sainteté de la bête. Les boyaux sont bons à faire plusieurs grosses cordes & menues, les grosses pour mettre en arc, en spingales ou autres engins à jetter, ou au moins pour mettre aux instrumens dequoi on bat la laine pour la faire menue pour la draperie que l'on appelle carchonnet. Les menues cordes de boyaux bien lavés, séchés & tors sont pour la mélodie des instrumens de musique, de violes, de harpes, de luths, de

guittares,

guittarres & de rebets que l'on fait sonner par doigts & par archelets. Dont pour la différence des choses & pour la variation des courages & la maniere devivre qui a été & est entre les brebis & les loups. Bon seroit à éprouver cordes de boyaux desdits loups pour mettre en aucuns instrumens avec des boyaux de brebis ou de chévres, pour savoir s'ils se pourroient accorder ensemble, & crois Lecteur, que non. Le fiant des ouailles est mout profitable à fumer & amander les terres, & pource les sages Laboureurs depuis le Printemps jusqu'à la fin de l'Automne qu'il ne fait pas froid de nuit, font tenir & gesir leurs ouailles aux champs pour engraisser les terres, & sont en giron aussi comme en maniere de parc, & les mene le Pasteur successivement de lieu en autre petit à petit, & au lieu où elles sont emparchée, & pour la garde une logette de fût sur quatre roues en maniere de borde portable, & en cette maisonnette gît le Pasteur de nuit, & se peut retraire pour la pluye, & il y a des chiens qui font le guet pour les ouailles contre leurs adversaires, aussi comme il est dit au Livre d'Ezechiel, quelque part que les bêtes alloient, les loups alloient après elles, tout ainsi est-il que quand les ouailles se remuent & que le parc va où il est mené avant ou arriere du côté de la petite maison sur les ruelles & les suit, & est mené après les bêtes, & ainsi sont les terres engressées & amandées aux fiens des ouailles qui est mout profitable. D'autre part la crotte des brebis vaut mout en médecine, & est maints fois donnée aux malades en breuvage ou en autre maniere pour leur santé recouvrer. Le suif de la laine vaut à laver & nettoyer draps & autres choses souillées, & aussi vaut il à mettre aucune fois plaies, apostumes & ulcères qui bien en sçai ouvrer. Par ces raisons & autres assez meilleures que Jean de Brie ne fait pas mettre en écrit, conclud & assez suffisamment est montré que les ouailles sont mout profitables, & par conséquent le traité & la doctrine est bonne, & le Pasteur ou Berger est digne de grand honneur, comme il paroîtra cy-après.

De l'honneur & état des Bergers.

LE métier de la garde des ouailles est mout honorable & de grande autorité, ce peut-on prouver par nature & par la sainte Ecriture. Par nature on voit communément que toute humaine créature est enclinée naturellement à aimer ce dont lui vient à propre & profit, & spécialement ce dont elle prend son vivre, ses alimens & sa contenance corporelle ; & plusieurs personnes sans nombre prennent leur nourriture & substantation du profit & émolument des ouailles. *Item.* Par la sainte Ecriture & par les figures des anciens est assez témoigné que l'on doit mout honorer l'état des Pasteurs de la Bergerie. Car comme on dit en Genese. Abel fut le premier Berger des ouailles, & offrit à Dieu des dons acceptables, & quand les gens commencérent à croître & multiplier ſur terre leur premiere chevance, & leur premier gouvernement, dont ils montoient à puiſſance & honneur en état de vivre ſur la nourriture des bêtes. Les Patriarches & aucuns Rois anciennement furent Bergers & Paſteurs, & gardérent les ouailles & bêtes à laines en leur propres perſonnes. Il n'y a point de doute qu'aucuns Patriarches ne fuſſent Bergers, comme Abraham, Iſaac & Jacob. Premierement Jacob duquel ils firent les douze lignées d'Iſraël, fut longtemps Berger, & mout expert en la ſcience & garde des ouailles, car celui Jacob ſervit Laban ſon oncle, & garda ſes ouailles ſept ans en eſpérance d'avoir Rachel fille dudit Laban. Et quand il faillit à ſon intention & que l'autre fille nommée Lia lui fut donnée au lieu de Rachel, il fut Berger audit Laban encore ſept autres années pour avoir ladite Rachel, & pour ſon loyer lui fut octroyé par ledit Laban, qu'il auroit toutes les brebis qui ſeroint tachées & grivelées. Si appliqua ledit Jacob ſa maniere ſelon la condition de leur nature. Jacob leur mettoit au-devant choſes de diverſes couleurs, il peloit d'un lez les verges & les bâtons de ſaux ou autres arbres, & à l'autre lez laiſſoit l'écorce pour donner l'imagination auſdites brebis, moutons en ſuitant & ſaillant, afin que les portieres en regardant la diverſité conçuſſent faons & agneaux tachetés ou grivelés de diverſes couleurs, & qu'ils demeuraſſent au profit dudit Jacob, dont par ſa cautelle il fut mout enrichi. Juda fils de Jacob, duquel iſſirent les Rois d'Iſraël fut Berger. Il eſt vrai que quand il alloit faire faire tondre ſes brebin en la faiſon, ſa brun Thamar s'étoit repoſée en chemin en une logette & s'étoit déguiſée. Juda ne ſavoit pas que ſe fût Thamar la femme de ſon fils, toutesfois engendra-t'il lors en elle deux enfans, Phere & Zaram. Et depuis qu'il ſçût qu'il avoit été trompé, & qu'il avoit péché par fornication, il ſe repentit & ne voulut plus retourner à Thamar. Ce fait eſt bien à noter pour les Paſteurs, afin qu'ils ſe gardent de fornication. Moyſe fut Berger, & garda les brebis, & après qu'il eut tué un Egyptien & l'eut caché dans le ſable, il s'enfuit en l'Iſle de Cleopolos, & trouva lors Sephora fille de Jetro, le Prêtre de la Loi, laquelle avoit beſoin d'aide pour abreuver ſes ouailles, pour le chaud & la preſſe des Paſteurs qui étoient à l'entour du puits, & Moyſe lui aida à abreuver ſes bêtes, & depuis la prit pour femme. Moyſe gardoit les brebis quand il vit le buiſſon ardent. David gardoit les brebit quand il fut élû pour aller combattre Goliath de Lethile fort Geant, lequel il tua par la pierre qu'il jetta de ſa fronde, & depuis fut David Roi d'Iſraël après Saül. Saül même avoit gardé les bêtes & les ânes & âneſſes de ſon Pere, nonobſtant il fût Roi. Cyrus fut Berger & garda les brebis, les Paſtoureaux en firent leur Roy, & venoient à lui aux jugemens, puis il fut Roi de

Perse & Mede & détruit Babylone la grande, & fit de grande prouesse. On pourroit en rapporter plusieurs autres, mais c'est assez parler de ce sujet, il faut donc porter honneur aux loyaux Pasteurs & Bergers qui entrent par le vrai chemin en la Bergerie, comme ont fait les susdits nommés & autres.

Des regles generales de ces arts.

QUiconque se veut entremettre de Bergerie, il doit faire tenir & garder solemnellement les regles qu'ici après seront recitées généralement, car elles sont nécessaires.

Premierement. Les agneaux qui sont jeunes & tendres doivent être traités amiablement & sans violence, & ne les doit battre ni molester de verges ni bâtons, ni d'autres manieres de battures qui les puissent froisser; car ils décroîtroient & deviendroient chetifs; mais par introduction on les doit mener doucement & amiablement.

Item. Quand les agneaux sont creus & nourris qu'ils peuvent souffrir discipline, ils doivent être menez & corrigez par la Houlette de terre legére, ni on ne les doit molester jusqu'à tant qu'ils ayent été tondus la premiere fois & on les doit laisser faire à volonté, & ainsi prennent-ils accroissement, car par legere correction se tournent à obéissance & vont par tout où le Berger les veut mener.

Les bêtes antenoises, portieres, brebis, moutons & tous autres, doit-on châtier & corriger d'escourgées de cuir, ou de cordes menues, pource que d'aucunes y a de si paresseuses, que de leur gré ne veuleut sortir hors de l'étable. Si advient souvent qu'il en convient tirer, aucuns demeure par violence au crochet du bout de la houlette pour aller devant.

Et si l'on bat & frappe les autres d'escourgées de cordes pour les émouvoir & hâter à suivre les autres, afin que le tout se parte de l'étable, & sortent par corgies & autres moleste, convient corriger & contraindre aucunes qui ne veulent recevoir discipline ni venir à obéissance.

Item. Quand les ouailles repaitent de leurs pâtis, mêmement au temps d'Eté, depuis May jusqu'en Septembre, les Bergers ne les doivent pas mettre ès étables & conduire tout le bas à loisir, & les doit ombrager sous un pauplier ou tilleu, ou autre arbre spacieux, si aucun y en a près des étables & Bergeries. Et sinon il y doit pourvoir par autre voye convenable pour l'aisement des bêtes pour remedier à la chaleur. Le bon remede contre la chaleur des bêtes est de curer & nettoyer les étables & ôter les fiens pour rafroidir les bêtes & les tenir fraîchement. Et si c'étoit à la venue de phrangiere vers midi ou heure de None, & le Soleil jettoit ses raiz par l'huis de la bergerie, le Berger doit clorre l'huis & doit pourvoir d'eau fraîche pour jetter à l'entrée de l'huis & ailleurs par l'étable pour le lieu rafroidir & donner tempérance contre la chaleur aux bêtes & ouailles qui de leur nature sont chaudes & séches en complexion, pourquoi la chaleur leur nuit. Et toutefois tenu pour règle qu'au mois de Mai on ne doit pas curer les étables ni les bergeries, pource que les humeurs qui lors sortent de la terre plus abondamment qu'en autre saison se montent aux murailles des étables & engendrent corruption au bestial par mauvaises odeurs plus qu'en autre temps, car en temps d'hyver la gelée dégâte telles humeurs & senteurs, & ne peuvent nuire comme en Mai. Et la raison est que la terre ouvre lors ses conduits & jette les superfluités de ses entrailles plus abondamment, si est le meilleur & le plus expédient de laisser le fiens ès étables aux ouailles audit mois de Mai que de l'ôter, car l'humeur de la terre qui engendre mauvais air ès étables, n'a pas si grande vertu quand elle est couverte du fiens & de la punaisie engendre plusieurs maladies aux bêtes audit mois. Si y fait bon rémédier en laissant ledit fiens, car sa fraîcheur n'est pas si dangéreuse que l'humeur corrompue de la terre, comme dit est. Et de tous autres mois, excepté le mois de Mai, l'on doit curer les étables en chaque mois par deux fois ou plus, & qui plus le fait mieux vaut, pource que plus sont les bêtes tenues & gouvernées nettement, plus elles fructifient. *Item.* Le Pasteur doit achever & rémédier de tout son pouvoir que ses bêtes soient mouillées en nul temps, pource que la pluie est contraire aux ouailles & les fait décroître & empirer. Si se doit garder soigneusement qu'elles n'aillent à la pluie, qu'elles ne soient mouillées, excepté au mois de Mai, car en Mai est bon que les ouailles ayent de la pluie avant qu'elles soient tondues, car la laine en est plus nette & meilleure à tondre & vendable. Aussi la pluie qui tombe sur la laine avant tonture engendre aux ouailles de bon suif qui leur garde le corps: mais d'autant que ladite pluie profite aux ouailles par avant la tonture, & non en toute autre saison.

Et à tout temps le Berger doit conduire & reconduire son bestial & ouailles à leur profit, & les doit garder soigneusement & défendre de toute chose qui pourroit leur porter dommage. Toutes ces regles doit regarder chaque Berger & aucunes autres qui sont nécessaires & convenables à cette doctrine, lesquelles seront données ci-ensuivant en spécial.

De connoître le temps par les Bêtes.

ENcore pour connoître le temps après ce que dit est des oiseaux, il convient que le Berger sache de l'augure des bêtes par certains signes. Premierement du Mouton: chacun Berger gardant ses ouailles doit avoir un Mouton mignon apprivoisé auquel donne de son pain, lequel Mouton par mignotises pour être mieux connu entre les autres, porte une sonnette ou petite cloche à son col, parquoi est appellé cloche-main.

Ce Mouton de sa nature connoît partie du pronostic de beau temps ou de pluie, car quand il doit faire beau temps, il se leve le premier & sort à l'huis de l'étable pour aller le premier en pâture. Quand il doit pleuvoir il reste derriere les autres, & montre à sa contenance qu'il n'a pas volonté de sortir. Et au soir quand il vient à l'étable, s'il doit faire froidure il hérisse sa laine & se secoue tellement qu'on l'entend bien au son de sa clochette. Aucuns disent que quand le chat lave son visage & léche ses pattes de sa langue, s'il met sa patte par dessus l'oreille, cela signifie de la pluie, mais de si horribles bêtes ne doit-on pas parler en cette partie, car par plusieurs autres on peut avoir enseignemens, les chevaux, les jumens, les ânes & ânesses qui portent le charbon, les fruits & autres parties des denrées aux pauvres gens, rompent & ruent quand les mouches les piquent, & ceux qui les menent disent que c'est signe de pluie & mutation de temps. Par meilleures & plus subtiles raisons peut le Berger connoître du temps. parce qu'il convient que chacun jour en temps convenable il aille sur les champs mener son troupeau en pâture. Et quand Phœbus qui par sa clarté illumine le monde, cela démontre au matin ès parties d'Orient. Le Berger le voit aller tout le jour par son cercle en laissant son mouvement en soi, élevant vers le midi, où aucuns l'appellent Auster. Puis descendre petit-à-petit jusqu'en Occident, & en faisant tel chemin en notre Hémisphère est mené en moult & noble char, attellé de grands & puissans détriers de très-grande valeur que nul homme ne les pourroit estimer. L'un de ces nobles chevaux qui menent le Soleil, est nommé Eous & vient devant l'Aube du jour jusqu'environ l'heure de tierce, & pource que ces beaux chevaux se montrent de plusieurs couleurs, le Berger doit considérer que cet Eous appert vermeil & ardent au matin, signifie pluie & mutation de temps, & quand il se montre plus blanc, c'est signe de beau temps. Et les Pelerins qui cheminent en font fête quand ils le voient. Après vient l'autre cheval qui est nommé Ethous, qui fait son service au Soleil environ l'heure de midi, & quand il se montre pâle, c'est signe de beau jour. Et après midi sort le tiers cheval attélé au char du Soleil, lequel cheval est nomme Pirous, & à son arrivée vient flamboyer & étinceler les yeux reluisant de celui Pirous, tellement que vue de créature humaine ne le pouvoit regarder. Lors ne volent pas les chauves-souris, car elles ne pourroient endurer une si grande lumiere qui se répand à l'avenement des rayons du Soleil qui a ainsi fait son cours. Et quand des deux chevaux sont trop chauds & ardens, c'est-à-dire, Ethous, Pirous par leur puissantechaleur attirent les vapeurs de la terre & de l'eau, les font monter en l'air, & étant ainsi élevées elles s'assemblent & se tournent en nuées qui se forment des vapeurs de la terre, lesquelles nuées de leur nature tendent à retourner en leur centre, & aucunes fois se tournent en grésil, selon la disposition des chevaux susdits vient la mutation des temps.

Or disons du quatrième cheval que l'on appelle Philogeus, lequel fait son office en descendant led. char du Soleil. Celui Philogeus tend volontiers vers les eaux, car il sort comme le vêpre à lui, & à celui du matin doit le Berger prendre son augure pour connoître du tems & la saison que quant au matin le Soleil est verd ou trop ardent, signe de pluie, s'il estblanc, signifie beau temps, comme dit est, au vêpre quand Philogeus se va abreuver & mener le noble char du Soleil en l'eau, & quand il est trop blanc ou pâle au coucher & environné de nuées noires ou perses, tout cela signifie pluie la nuit ou le lendemain, & lorsque ce Philogeus en Occident est assez vermeil & l'air purgé de nuées signifie beau temps, & le Proverbe commun que l'on souloit dire vulgairemeut est tel, rouge soir & blanc matin fait réjouir le Pelerin, se concorde assez à l'exemple que les Bergers doivent prendre ès chevaux dessusdits, & cette doctrine est plus vraie que celle des oiseaux & des bêtes, & si le Berger connoissoit bien les corps du Ciel & la cause des influences des signes & planetes, ce lui seroit grand avantage pour avoir connoissance des choses, car par les corps de ceci est causée la mutation des temps. Si sans tetre Jean de Brie, & toutefois étoit sage, pour certain il connoît bien le rond des Etoiles.

De la considération des vents lesquels sont profitables

LA cause pourquoi le Berger doit savoir les vents, pour deux causes. L'une est pour la connoissance du tems dont ci-dessus est parlé, parce qu'aucuns vents sont plus enclins à la pluie que les autres. L'autre raison est parce qu'aucuns vents sont dommageables aux ouailles, & les autres non. Les uns selon les charriers & les quatre climats du monde sont divisés en quatre parties, en Orient, en Occident, au Midi & au Septentrion.

Et parce que le Soleil ne fait pas toujours son Orient en même lieu, aussi ne fait-il son Occident, car en temps Equinoxial, comme en Mars que le Soleil est au signe du mouton, & en Septembre est au signe de la balance opposite à droite ligne. Et lors pourroit-on faire les quatre parties égales l'une de l'autre, & justement proportionnés durant le tems de l'Equinoxial. Autrefois en tems d'Eté, quand le Soleil étoit en l'Ecrevisse, il faisoit son Orient plus vers le Septentrion, & aussi fait son Occident & tournoie la plûpart de notre Hémisphére, & est appellé Orient Solsticial. Autrefois en tems d'hyver faisoit Orient au signe de Capricorne, & se trait plus vers midi, & lors tourne moins, car il ne gîte ni va plus haut, & de la partie dudit Hémisphère, & est appellé Orient hyvernal. Le vent qui vient vers nous du droit Orient Equinoxial est appellé subsolain, les Grégeois l'appellent Aphelores. De l'Orient Solsticial est un vent que les Latins ne savent nommer, les Grégeois l'appellent Vulture. Devers l'Occident Equinoxial est un vent nommé Favonius, qu'aucuns appellent Zepirus. De l'Occident Solsticial vient un vent appellé Corus. De l'Occident de l'hyver est un vent nommé Affricus, qui en son tems est puissant, & les Grégeois l'appellent Lybs. Devers l'essieu du midi vient un vent nommé Uronocus Après la partie devers Midi vient Eureauster, & puis un autre qui a nom Auster. Du côté de Septentrion vient Aquilos qu'aucuns appellent Galerne, & de-là vient Nonplus, & de-là tirant vers Orient. Solsticial vient Boreas vent plein de froidure. Avec ces vents il y en a aucuns autres nommés en mal monde. Autrement pour mieux entendre on les peut diviser en quatre parties, & en chacune partie trois vents Equipolent, les Orient & les Occident, tant de l'Equinoxe, comme d'Eté, d'hyver & d'autres saisons. Entre Orient & Midi naissent trois vents. Eurus, Subsolanus, & Vulturus. Entre Midi & Occident naissent trois autres, savoir: Eureauster, Auster, & Euronocus. Entre Occident & Septentrion naissent trois autres vents, Africus, Favonius & Chorus. Entre Septentrion & Orient naissent trois autres, Notus, Aquillo, Boreas. Aucuns autres du côté de Normandie en nomment quatre vents principaux, savoir: Nord, Ouest & Sud. Les Bergers l'appellent le vent d'Amont, vent d'Aval, vent de Bize, vent d'Ecorcheveau, vent de France, vent de Galerne & ainsi qu'il leur plaît. Et parce que ces langages sont de petite valeur, & que grands accidents en pourroit avenir, de maniere qu'on laissera à chacun nommer les vents par tel langage qu'il voudra. Et Jean de Brie retournera à son endroit & principal repos, & en procédant dira les propriétés d'aucuns vents, lesquels sont profitables ou dommageables aux brebis.

De la propriété du Berger, & des choses qui lui sont contraires.

EN cette partie commence le droit art & maniere de garder les brebis. Et pource que le Berger est plus digne que les brebis & le doit être aussi avec raison. Disons donc que l'état de Berger doit être de bonnes mœurs, & doit éviter la taverne & le bordel, & tous les autres lieux deshonnêtes, & doit aussi éviter tous jeux, excepté le jeu de marelles & de bâton, & ne doit point jouer aux dez, mais doit mener son jeu de marelles subtilement avec son compagnon.

Item. Le Berger doit être de bonne vie, sobre, chaste & débonnaire, ainsi que St. Paul l'écrit à Tite en ses Epitres, & doit être loyal & diligent sur la cure des brebis à lui commises, afin qu'il en puisse faire bonne garde & profitable.

Le Berger doit avoir chausses de gros blanchet ou de camelin & souliers bobelinez & arçonnez de fort cuir, & en hyver par dessus ses chausses doit avoir vagues de cuir de buhos, d'un vieux housseau pour la pluie.

Il doit être garni de raçons & de semelles de cuir bien pourpointés de gros fil de chanvre bien ciré de poix blanche résine & de suif pour la durée, & doit savoir asseoir les raçons & semelle en bobelins par dessous le buisson quand besoin est. La chemise & les brayes du Berger doivent être de fil tissu de deux doigts de large à deux boucles rondes & de fer. La façon de la chemise doit être fendue par devant à deux pointes, & les deux pans de devant doivent être amples & longs en la maniere d'un pennonce aigu, afin qu'il puisse mettre & envelopper son argent, & nouer le pain au droit nœud. Sur la chemise doit avoir un cauteron de blanchet ou de gris camelin sans manches, lequel cauteron doit être doublé par-devant les épaules jusqu'à la ceinture pour garder sa feuille & son estomac de vent & tempête, car coutumiérement les brebis vont à contre-vent, & pource doit être led. cauteron doublé par-devant, & sur le cauteron d'avoir une cotte de blanchet ou de camelin gris à deux pointes, l'une par-devant, l'autre par-derriere, si large & si ample qu'il y puisse entrer aisément sans boutons, car il ne lui apparuient pas en avoir, mais y doit entrer de plein comme en un sac, & par-dessus la cotte doit avoir un surplis de fort treillis à manches à quatre noyaux ou boutons, & de façon même de la cotte, ce surplis garde le Berger de la pluie, aucunes fois lui convient le dépouiller pour envelopper l'agneau quand il est né aux champs.

Par dessus son surplis doit avoir une grosse ceinture de corde menue & fort faite par maniere de tresse ou trois cordons à une boule de fer ronde, & à cette ceinture y doit pendre plusieurs choses. Premierement y doit pendre la boëte à l'onguent en un étui de cuir, & est à noter que le Berger ne doit non plus être trouvé sans la boëte à l'onguent, que le Notaire doit être sans écritoire, car c'est le plus nécessaire de ses instrumens & outils. Avec ce il doit avoir un canivet ou couteau aigu pour picoter & ôter la rogne des brebis, afin que l'onguent y puisse mieux entrer & que la brebis soit plutôt guérie.

Aussi convient-il qu'il porte ciseaux pour couper la laine par-dessus la rogne. Le Berger doit porter alêne à coudre souliers, bobelins, semelles & talons, laquelle alêne doit être en un fût pour mettre le fer de l'alêne lène au milieu du manche, & par dessus doit attacher un anneau de cuir pour mieux serrer.

Item. A cette ceinture doit porter un aiguiller à mette des aiguilles quarrées & rondes, lequel aiguiller est de l'os de la cuisse d'une Oie menue & longue, ou de l'os d'un pied d'aignelet, & être mis & attaché avec le pendant de l'alène.

Encore doit avoir le Berger boisset ou coutel à forte alemelle à trancher son pain, emmanché de deux piéces plattes de tillet ou d'autre tendre bois, & le manche doit être lié tout au long d'une menue cordelette de fil bien serrée pour le mieux tenir & pour être plus fort : la gaine du couteau doit être d'une vieille savatte l'empeigne d'un vieux soulier de vache & bien cousue à la mesure du coutel : cette gaine doit être pendue à la ceinture d'une cordelette de gros fil de chanvre.

Après doit pendre à la ceinture un fourreau de vieux cuir mégisse, ou de cuir de la peau d'une anguille pour mettre les flajaux du Berger, lequel fourreau doit être de la quantité des flajaux. Et par dessus toutes choses devant dites, le Berger doit porter ceindre sa panetiere pour mettre le pain pour lui & son chien. La penetiere doit être de cordelets déliés & noués en droit nœud en la maniere de la harace au portier de terre, & de cette panetiere doit être attachée au senestre côté du Berger, car il ne doit point empêcher son côté dextre, afin que plus promptement il puisse tondre, seigner ou travailler sur les brebis si besoin est.

A la panetiere doit être attachée une cordelette d'une toise & demie de long, que l'on appelle la laisse du chien, & doit être redoublée jusqu'au point de la panetiere, & au milieu doit avoir un cuiret avec un petit bignet de buis pour attacher le chien, & pour détacher & envoyer tôt contre les loups ou autres méchantes bêtes qui voudroient mal faire aux brebis.

Le chien du Berger doit avoir grosse tête, & autour du col un collier de fer & crampons pointus ou cloux longs & aigus pour resister aux loups sur les champs, ou aux larrons si aucuns venoient quand la bergerie est en pâture. Et aussi pour l'armure du collier le mâtin est le plus hardi & animé & ne seroit pas si-tôt étranglé des loups, car il en a plus grande défense. Ce mâtin suit le Berger & lui tient bonne compagnie quand il mange son pain, qu'il soit de la clémence, car tel est ami à la dépense qui ne l'est à la défense.

Quand le Berger a un mâtin loyal & hardi, il est très-profitable à la garde des brebis, & le Berger est aussi noblement de houlette présentant trois états en ce monde, comme seroit un Evêque ou Abbé de sa crosse, ou comme l'on ne doit pas faire de comparaison de telles choses.

Et jaçoit que la crosse du Prélat soit de plus grande dignité & de plus grand honneur que le glaive ni que la houlette, néanmois il y a borne & idoine convenance, Car selon Dieu qui est le plus grand, il doit se faire comme le plus petit, quant à l'humilité selon la doctrine de l'Evangile, & ces trois choses, la crosse, le glaive & la houlette représentent trois états en ce monde. La crosse est tenue de nous enseigner & corriger spirituellement sans lance ni épée, & de prier Dieu humblement pour nous, c'est-à-dire, pour le glaive & pour la houlette.

Le glaive doit défendre par sa puissance temporelle & corporelle & la houlette de tous les adversaires qui contre raison les voudroient inquiéter & molester induement.

La houlette qui en partie peut & doit être comparée à la bêche dont on laboure la terre, doit être au profit de la crosse & du glaive, à ce qu'il leur puisse livrer & administrer alimens & nourritures du profit de son labeur & de la garde, ainsi peut apparoir qu'il y a souvenance & qu'il convien l'un avec l'autre pour soutenir le bien public chacun en son endroit, pource est la houlette convenable au Berger, comme la crosse au Prélat, le glaive ou l'epée à l'homme d'arme, c'est-à-dire à la Seigneurie temporelle qui est en puissance de l'épée. Et ces trois veulent faire chacun leur devoir, est bon en tous états, car aux champs, à la ville & au moutier s'entr'aide leur métier. La houlette est ferrée d'un long fer concavé enguisant, & la bouterolle où l'on met le manche doit être long & rond, bien claire & brune de tôle legere, où elle est souvent boutée pour châtier les brebis & agneaux.

Le haut de la houlette doit être de nefflier ou d'autre bois dur. Au premier bout de la hante ou bâton doit être le fer dessusdit & un peu courbé pour couper & houler la terre légere sur les brebis : car de houler elle est dite houlette. A l'autre bout de dessus doit être un crochet du fût de la nature & essence du bois de mane même, ou sinon qu'il soit fait le crochet par addition d'un trou ou d'une cheville. Par ce crochet du bout de la houlette sont accrochées les brebis & agneaux pour visiter s'il y a rogne, pour oindre, saigner & mettre à obéissance, & pour y remédier.

Avec la houlette il convient que le Berger ait un bâton & qu'il ait corgée de trois lanieres de cuir, ou de trois cordelettes menues pour corriger & châtier ses brebis en temps dû, car grands biens & grands profits viennent de la correction.

Il faut que le chapeau soit affublé d'un grand chapeau de feutre, rond & bien large, & pardevant sur le chef doit être doublé de pleine paume pour défendre le Berger de la pluie quand il va contre le vent après les brebis. L'autre pour le profit de son maître à qui sont les bêtes : car toutefois qu'il convient que le Berger fasse jointure sur les brebis quand aucunes il y en a de rogneuses aux champs, & il fait tonsure de ses agneaux pour découvrir la laine & atteindre la rogne Il met ses recoupes de la laine & les tonsures aux plis & redouble de son chapeau, & le doit porter & rendre à son maître : car il est tenu de faire & garder le profit de son maître en faisant son office de Berger.

D'autre part ledit chapeau est moult profitable au Berger, tant pour obvier à la pluie, vents & tempêtes, comme de peur de son chef, & est droit état de Pasteur de porter grand chapeau & rond : mais il y a différence entre les chapeaux des Prélats & ceux des Bergers, en ce que les chapeaux des Prélats sont de plus chere chose que ne l'est le feutre, & aussi ne sont-ils point remployez ni redoublez pardevant, & peut-être que c'est pour ce qu'ils ne veulent pas rapporter aucun profit à leur maître qui les a commis au gouvernement où ils sont.

En temps d'Hiver il faut que le Berger ait moufles pour garder ses mains de froidure, lesquelles moufles ne doit pas achepter, mais les doit faire de sa science, ou à l'aiguille ou à lacet de fil de la laine filée de main de Berger, ainsi que l'ont fait les autres, or il les doit faire de plusieurs pieces, ainsi qu'il les trouvera à son avantage : & quand il ne fait pas trop froid ou qu'il convient que le Berger travaille de ses mains, il doit pendre les moufles à sa ceinture. Des instrumens doit avoir le Berger avec ses flajaux pour se divertir en mélodie, c'est-à-savoir, Fretel, Etonne; Doucine, Musette d'Allemagne ou autre Musette que l'on nomme Chevrette, chacun selon son esprit & subtilité; & puis que le Berger est ainsi armé de toutes les piéces dessusdites nécessaires à son métier, il peut chamboyer la houlette à la main en gardant ses brebis.

DU MOIS DE JANVIER.

OR, disons de la garde des Brebis en chacune Saison, commençant au mois de Janvier, parce qu'il est le premier mois & l'entrée de l'an selon le Calendrier. Au mois de Janvier sont les brebis portieres moult griéves pesantes des agneaux & faons qui sont en leurs ventres, & aucunes aignelent & faonnent audit mois, quand elles ont été luitées & saillies en Août : car aussi comme des fruits, les uns sont plus hâtives que les autres. Et en contre ce, la prévoyance divine y a mis bon ordre, car audit mois les loups suivent les louves pour faire leurs cohirs, & pour ce s'oublient en ce mois, aussi ne font point de dommage aux brebis, car si ce n'étoit l'empêchement qu'ils ont lors de poursuivre leurs chaleurs & de continuer avec les louves, ils enfondreroient le ventre des brebis pour avoir les agneaux, mais Dieu ne le veut pas ainsi. Au mois de Janvier se doit le Berger lever si-tôt qu'il voit le jour, & déjeûner & manger du pain & du potage qui est demeuré du soir du jour de devant, & bien matin doit mener ses bêtes aux champs s'il n'y a empêchement de pluie ou de blanche gelée.

Audit mois de Janvier les brebis portieres qui ont été saillies de Septembre précédent & approchent le temps de faonner, & pource ne doit-on achever de les mener aux champs à la blanche gelée pour le péril & inconvénient qu'il en suit, pource que blanche gelée fait mourir les agneaux ès ventres des meres, & fait les brebis avorter. Et si le Berger est jeune & qu'il ne soit pas encore instruit suffisamment en cette science, se doit aviser qu'il fasse à l'exemple & semblance des autres Bergers de la ville où il demeure, ou des autres villes voisines avec lesquels il doit converser & d'eux apprendre l'art & usage, car en apprenant on devient maître.

Du mois de Février.

AU mois de Février se doit le Berger lever le matin devant le jour pour affourrager ses bêtes portieres de sorte de bled pour les conforter, & pource qu'en Février fait communément noire gelée, le Pasteur doit mener les bêtes aux champs du matin, car la noire gelée essuie l'herbe, & adonc les bêtes paissent volontiers, & l'herbe essuyée est moult profitable, & s'il avenoit que par jour surpris rosée & pluie, ou dégel, dont les herbes fussent mouillées, le Berger doit donner à ses Brebis, au soir du fourrage de féves, car il est sec, & celui de pois est moîte.

Au mois de Février le Berger ne doit point porter la houlette, car il n'en est pas besoin, parce que les brebis portieres sont prêtes à faonner. Si ne doit pas jetter terre sur les brebis, & ne les battre descorgée qui ne les froisse ou blesse & de tout son pouvoir doit garder qu'il ne nuise aux bêtes ni aux faons, au lieu de houlette doit prendre un crochet de cordes pour prendre ses bêtes par les pieds, s'il y en a aucune qu'il veuille oindre ou lui faire quelques choses nécessaires au métier, & pour chasser les brebis doit porter une vergette de saux déliées à trois liens, dont il les corrige pour moins blesser les brebis.

Audit mois le Berger ne se doit point seoir, & ne doit point éloigner ses brebis, mais doit être curieux de les garder & avoir l'œil dessus, afin que si aucune agnele ou faonne aux champs qu'il les puisse secourir incontinent, par la coulpe des mauvais & nices Bergers, plusieurs agnellent aux champs & ont été mangez des corbeaux, de beauts & des corneilles au grand préjudice du maître.

Au soir quand le Berger revient de pâturage il doit ramener les Brebis à petit pas,

& les doit établir ſpacieuſement, car au mois de Février eſt moult profitable choſe quand ce beſtial eſt au large.

Et quand le Berger ſe veut aller coucher il doit viſiter ſes brebis & les faire lever, car le long gétir en ce temps leur pourroit nuire, pour les faons qui ſont en leurs ventres, & doit être ſi curieux qu'il ne doit dormir ſûrement s'il ne ſent ſon four en bon état & convenable. En ce temps doit laiſſer les huis & fenêtres des étables ouvertes quand le vent de bize vente, pour y recevoir ledit vent, car il profite fort aux brebis en ce tems.

Et ſi les autres vents ventoient le Berger doit étouper les fenêtres & les huis des Bergeries, pource que lors nuls des autres vents n'y profite que celui de bize. Si-tôt que la brebis aignele ou faonne, le Berger doit être prêt à préſenter l'agneau devant la mere afin que par elle il ſoit netroyé ſelon l'introduction de la nature. Et quand l'agneau eſt nettoyé on doit prendre la brebis & la coucher ſur le côté droit près de l'agneau, afin qu'il puiſſe prendre la mamelle de la mere & ſucer le lait pour ſa nourriture.

Et lors le Berger doit premier ôter de la laine du pis de la mere pardevers le ventre & ne doit pas tondre par derriere, pource que la froidure du mois de Février feroit grand mal à la brebis, & avec le Berger doit prendre le pis de la brebis & éplaindre par ſes doigts deux ou trois gouttes du premier lait de chacune mamelle & les laiſſer couler ſur la terre, afin que l'agnelet n'en goûte, car ces premieres gouttes ne ſont pas ſaines, & ſi l'agnelet le goutoit il pourroit encourir une maladie que l'on nomme l'affilez, de laquelle les agneaux périſſent & meurent ſouventefois de cette maladie, & d'autres qui ſeront dites aux Chapitres des maladies & de leurs cures, & pendant qu'on veut guérir l'agnelet du mal de l'affilez, l'on ne doit pas tirer le lait du pis à la mere de l'agnelet; mais il s'en doit garder par deux jours, afin que le lait de la brebis décroiſſe; car par la grande abondance du lait en la nouveauté, après que la brebis a faonné vient le lait en la mamelle de la bête, lequel eſt de groſſe nature & humeur, & pource eſt périlleux à l'agnelet & à ſa nourrice. Et pource le lait de la brebis étant ainſi purgé par deux jours & plus valable, l'on doit prendre l'agnelet & le remettre vers ſa mere, lors il ne doit demeurer avec elle plus de quinze jours ſans ſe mouvoir, car chaque Berger doit ſavoir que la demeure de plus de quinze jours avec la mere pourroit engendrer communément aux agneaux une maladie que l'on appelle pouſſer, dont les agneaux meurent ſouvent, & que n'y a que peu ou point de remede pour cette maladie de pouſſer.

Et pour y obvier, le Berger doit ôter l'agneau d'avec la mere quand ils y ont été quinze jours, comme dit eſt, & les doit mettre en une étable tout par eux, & chaque matin les doit laiſſer allaiter leurs meres avant que d'aller aux champs, & quand les brebis reviennent le ſoir des champs, le Berger doit les laiſſer repoſer ainçoit qu'il leur donne leurs agneaux pour allaiter, pource que quand les brebis ſont travaillées leur lait eſt chaud & battant, & n'eſt pas bien attrempé pour les agneaux, car aucunes fois pour allaiter les meres laiſſées, il vient aux agneaux une maladie que l'on appelle le boucher, de laquelle les agneaux meurent ſouvent.

Et après que les agneaux ſont ſéparez & ôtez d'avec leurs meres quand ils ont été la premiere quainze & qu'ils ſont mis & établez tous par un. En autre quinzaine enſuivant ils ne doivent manger autre choſe que du lait de leurs meres ſeulement, & ainſi que dit eſt, doivent être gouvernez & gardez par un mois entier, ſans qu'ils mangent du lait: du ſurplus de la grande nourriture de agneaux ſera dite ès mois ſuivans.

DU MOIS DE MARS.

LE Berger au mois de Mars doit avoir de grande consolation, & aviser en quel pâtis il mene ses brebis, parce que lors la terre jette ses vapeurs, & grosses herbes commencent à croître, mêmement une herbe que l'on nomme bouveraude, est de mauvaise digestion & moult nuisante aux brebis au giron de leur gorge, car si-tôt que les brebis ont goûté de cette herbe, il faut que le Berger soit tout prêt pour les secourir, car il faut incontinent leur mettre du sel en la gorge pour donner occasion de boire, pour digerer & avaler l'amertume de la bouveraude. Le bon Pasteur se doit garder de mener en pâture ses brebis au mois de Mars en lieux marécageux, car lors il naît une herbe nommée dauve, laquelle les brebis désirent manger; mais elle leur est fort dommageable, car si-tôt qu'elles en ont goût & l'ont avalée en leurs entrailles, la dauve est de telle nature qu'elle demeure & se jette aux foie de la brebis, & cette mauvaise herbe ne remonte plus ni ne revient ronger à la gorge de la bète comme font les autres herbes; mais de cette dauve par corruption sont engendrez sur le foie une matiere de vers, qui par nourriture ont vie & corrompent tout le foie de la bête, dont est mise à mort par l'infection de cette susdite herbe, & après que la brebis l'a mangée on s'en peut appercevoir à ce qu'elle boit plus souvent que quand elle est saine, & peut durer cette maladie ès brebis un an au plus, mais à la fin convient qu'elles en meurent, car la dauve détruit le foie qui est un des trois membres principaux où la vie gît, après le cœur & le cerveau, & par où la brebis endauvée ne peut vivre. Si doit bien donc le Berger échapper qu'il ne conduise ses brebis près des lieux & marécages esquels croît & régne dauve par tout le temps d'Eté.

Et quant au gouverneur des agneaux audit mois de Mars, quand les agneaux ont un mois passé qu'ils commencent à croître & leurs membres se forment, le Berger leur doit donner du fourrage pour leur nourriture, savoir, du foin & de l'avoine, & d'autre fois de la vèche déliée & non de la grosse, & un doigt près de l'autre, & doit-on bien aviser qu'on doit donner de l'avoine mêlée avec bran, que plusieurs momens gruits ou tiercult, doit le Berger éviter de donner aux agneaux trop à boire en leur étable, car le boire leur nuiroit, ou qui leur veut donner à boire pour en avoir battement mettre de l'eau claire en un bassin ou chaudron bien écuré; car les agneaux se mirent volontiers au vaisseau clair, y prennent plaisir de tous ses soins, doit le Berger être curieux quant à la garde & gouvernement des agneaux, doit diligemment garder la doctrine des susdites, spécialement que la bauveraude de dauves ne leur puisse nuire; en outre audit mois de Mars le Berger doit éviter que ces agneaux il ne mette sous la repercussion du Soleil, car en ce mois le Soleil est au mouton qui est fort & vertueux lors le Soleil par sa grande vertu pénétre de ses rets jusque aux cerveau des agneaux, & leur engendre une maladie que l'on nomme vertin, qui les fait tournoyer, dont ils sont tous écervelés & meurent maintes fois.

Item. Audit mois de Mars le Berger ne doit donner à boire à ses brebis ou agneaux si ce n'est en cas de nécessité comme contre l'herbe de bouveraude ou pour trop grande chaleur du Soleil, si besoin en est il leur doit faire boire eau courante s'il étoit en lieu où il en pût recouvrer. Ce qui est la cause pourquoi on doit faire abstenir expressément de faire boire les brebis au mois de Mars, pource que les eaux ne sont pas bien saines pour les mutations de l'air & du temps qui est tourné en verd que l'on dit Printemps, pource que la terre est lors élargie & poreuse, alors jette ses vapeurs & superfluités, comme dit est, parce qu'en celui mois le boire n'est pas profitable au bestial, mais est bon pour mener en pâture par les gâcheries aux herbes tendres pour appaiser leur soif, pour remédier aux breuvages des flots & rets des eaux qui leur sont périlleuses plus qu'en autre saison.

Du mois d'Avril.

LE Berger au mois d'Avril se doit lever fort matin pour visiter ses brebis, pour ouvrir les fenêtres & les huis des étables pour leur donner de l'air : doit le Berger voir aux champs pour savoir la qualité du temps, s'il fait bon pâturer il doit incontinent mettre hors ses brebis, les mener ès champs gayer & qui fréquente les champs, il doit bien aviser selon les vents & les nuées, car il y aucunes qui en chassent les nuées & les bruines devant la face du Soleil, parquoi l'air devient pur & fait beau temps.

Aucuns autres accueillent l'air des nuées & menent la pluie, même un vent que l'on appelle Plongel, qui vient du côté d'Occident, car ce vent fait le temps pluvieux de son âpre soufflement. Si on voit au commencement dudit mois d'Avril venter un vent que l'on nomme Galerne, qui vient de Septentrion, en Occident est la Bize plus souvent que nul des autres, lequel vent Galerne les Bergers maudissent le pays d'où il vient. Le Berger par générale doctrine doit avoir considérations aux temps & aux vents, tant au mois d'Avril qu'aux autres mois de l'an. Doit éviter le Berger qu'il ne mene ses brebis aux champs contre le vent de Solerre, qu'aucuns appellent Nord, qui vient devers Midi, lequel est dommageable aux brebis, car il les fait enfler de son soufflement. Si doit le Berger l'éviter autant qu'il peut, car il arrive souvent que les bêtes en sont enflées, il convient mettre reméde par saignée ou autrement, ci-après en sera expliqué.

Du mois de Mai.

LE temps est doux & serein au mois de Mai, & ne fait encore trop chaud, & tout est fleuri sur la terre, car alors il a vêtu sa robe qui est ornée de diverses couleurs ès bois & ès prés, & sont en pâturages pleins de bonnes herbes & tendres.

Au mois de Mai est la coutume de tondre les moutons, brebis & agneaux, car alors est saine, meurere & aussi le plus convenable, & trop plus profitable chose est de dépouiller lors & tondre ses brebis qu'en autre temps comme pour aisement de sa pâture. De la maniere de tondre les bêtes dessusdites & comme on les doit prendre subtilement, de lier les pieds d'une laniere ou d'une corde de laine moitié pour les moins blesser, & de surplus, de faire tonsure que l'on doit faire profitablement que l'on peut, ne sera peu ou point parlé en ce traité, pource que la tonsure n'est pas de la propre essence du droit art du métier de la Bergerie : car combien que ce soit des dépendances, toutefois les Bergers n'ont pas coutume de tondre les brebis, pource s'en passe ledit Jean de Brie. Audit mois de Mai le Berger doit mener ses bêtes tard aux champs, & doit venir tôt à l'hôtel, car pource que les rosées du mois de Mai nuisent au bestial à laine, car avec rosée se mêlent aucunefois brouillards, mielats qui moult empirent les herbes & les feuilles, & sur les feuilles des ronces le peut connoître & appercevoir plutôt qu'ailleurs.

Et les brebis de leur nature mangent volontiers les feuilles des ronces quand elles y peuvent arriver, & aucunefois pour cette convoitise y laissent de leur dépouilles en allant trop près des ronces poignantes, cétui méfait doit-on pardonner aux brebis par l'exemple des hommes, considére que les hommes qui sont raisonnables laissent leurs dépouilles en la taverne ou autres lieux pour leur folle volonté accomplir.

Si n'est pas merveilles des brebis qui sont brutes & non raisonnables, si elles perdent de leur laine pour accomplir leur désir, & pour y remédier doit aller le Berger tard, afin que les rosées ne nuisent aux bêtes à laine, & d'autres part le tôt répéter leur est bon pour achever la force de l'ardeur du Soleil quand il est en chaleur vers une heure après midi, & audit mois de Mai le Berger doit clorre les huis & fenêtres de ses étables de jour, & de nuit les laisser ouvertes pour en recevoir l'air, le temps serein est fort propre pour le bien des brebis, & ne doit-on point nettoyer les étables pour les causes susdites, encore doit-on bien noter que si on veut faire tondre les jeunes agneaux de la premiere tonsure, on ne doit point les laver qu'ils ne soient bien crottez, car qui les laveroit pour nettoyer leur laine on leur feroit grand tort, cela est bien approuvé, parce que quand on les lave en l'eau ils s'ébaissent & tressaillent, & quand l'eau leur entre aux oreilles ils en deviennent sourds & fâcheux, tellement qu'ils en sont tous affolez & ont la vue gâtée & ne sont pas profitables à garder, & pour ce il est expédient de tondre les agneaux sans laver. Des moutons & brebis on ne doit pas faire de même, car on ne les doit pas tondre sans laver.

Quand les agneaux sont tondus & dépouillez de leur premiere toison, le Berger doit être curieux de mener son troupeau d'agneaux incontinent après la tonsure, par un chemin sec & poudreux, afin que la poussiere qu'ils émouvent de leurs pieds se prenne sur eux & qu'ils en soient enpoudrez par deux ou trois jours, & la raison est que la poussiere leur fait cotelle sur leur chair, les garantis & défend de la rogne ou clavelle, qui est une mauvaise maladie, nuisant aux brebis & agneaux, comme il sera dit. Et s'il avenoit qu'après la tonsure il fit un temps pluvieux, & que les agneaux ne puissent prendre poussiere par le chemin par l'empêchement de la pluie, comme il échet aucunefois : lors on doit tenir lesdits agneaux ès étables; mais le Berger contre l'empêchement y doit pourvoir & doit prendre la cendre & autre poudre bien déliée, & d'icelle poudre doit jetter sur les agneaux pour iceux garantir, comme dit est, car cette poudre leur fait une maniere de cotelle sur leur petite laine, qui leur est moult profitable & les défend de la rogne & clavelle, & si les garantit de pluie. Il n'est pas à douter qu'à mesure que la laine revient elle ne déboute cette poudre & emporte avec soi amont, & la chair des agneaux demeure nette sous la laine par son suif & chasse la poudre dehors, ainsi les agneaux demeurerons sains & profitable aux moutons, aux brebis & aux bêtes attenoises, & les doit semblablement empoudrer incontinent après la tonsure & sans moyen pour icelle garantir, & défendre des maladies des susdites & garder la chair sous la laine.

Du mois de Juin.

AU mois de Juin le Berger doit aviser en quelle partie il mene ses brebis en pâture, pource qu'au mois de Juin croît une herbe qu'on appelle Poucel, cette herbe est de deux manieres, l'une a la feuile crenelée & la tige est bonne, l'autre a la feuille ronde & la tige vermeille & velue, & est si mauvaise que quand la brebis en mange elle devient malade. En cedit mois le Berger se doit lever au point du jour pour traire le lait de ses bêtes, puis les doit mener aux champs bien matin, car lors il y fait bon, & au retour des champs les doit garder de trop grande chaleur, car elle nuit aux brebis, pour la pauvreté de leur laine & la chaleur des bêtes, pour le Berger assez apperçoit à son mouton sonnalier, car combien que par raison il soit gras, il n'est pas si-tôt surpris du Soleil. Toutefois le Sonnalier s'arrête tout court quand il a grand chaud & frappe des pieds & remue la queue, & sont les signes de chaleur, aussi est-il environné de mouches quand il est arrêté. Si y doit pourvoir le Berger & faire ombrer ses bêtes & mener doucement ès étables, & n'est force que les brebis mangent beaucoup au mois de Juin, car la graisse de ce mois ne leur est pas profitable.

En ce mois doit le Berger mener ses brebis hors des friches & chemins, & les doit tenir en gasfreres & hauts lieux, en plantes de chardons, la pâture de chardons leur est bonne, & quand elles mangent volontiers ces tendres chardons, c'est signes qu'elles sont saines, & si elles n'en veulent manger, c'est signe qu'elles sont ulcées & malsaines & ne sont pas dignes de nourrir. Si doit considérer le Berger & en avertir son Maître pour son profit, & à l'heure du paangerie audit mois, ne doit pas le Berger mener ses brebis contre le Soleil, mais doit lui tourner le dos & les conduire ès valées où les herbes soient plus moîtes, & n'est pas sans doute que les brebis voyent mieux l'herbe verdoyer quand elles ont le dos tourné au Soleil. Et est à savoir que lors une herbe nommée Civaille leur est moult profitable & nourrissance, & leur fait avoir ventre : car si les brebis étoient enflées ou mal mises d'aucune mauvaise herbe, la chaillée les guérit & leur est vraie médecine, & soit donc le Berger sage & discret en menant ses brebis.

Du mois de Juillet.

EN ce mois de Juillet le Berger doit se lever aussi matin comme en Juin, & j'açoit qu'audit mois de Juin soit dit que le Berger doit mener les brebis en gâchieres & ès lieux. Toutefois en ce mois de Juillet se doit garder d'une herbe qu'on appelle Sauvre, laquelle a une petite feuille jaune, ladite herbe de Sauvre est tant nuisante aux bestiaux, que si les brebis la mangent bien & que la fleur y soit, elles deviennent enflées, & de la malice de l'herbe sont en péril de mort quand les brebis ont trop chaud. C'est assez dit des règles générales, en quelle maniere on les doit refroidir & ombrager.

Du mois d'Août.

EN Août le Berger se doit lever matin, comme dessus, déjeûner d'une soupe en vin ou du lait clair, & doit porter du pain en sa panetiere pour lui & pour son chien, & ne doit point porter de houlette ni d'autre bâton qu'une verge de corde en sa main par maniere d'ébattement.

En Août le Berger ne doit pas mener les bêtes en friches & gâchieres ni en pâturages où il y ait verdures, mais les doit mener & tenir ès chaumes & étules ou les bleds ou avoines ont été serrés. Et ainsi doivent prendre les brebis leur pâture & non ailleurs, au moins selon la coutume de France & de Brie, laquelle est telle que chaque Berger peu mettre les brebis aux champs aussi-tôt que les bleds en sont ôtés.

Et devant dîner les doit ramener aussi-tôt dans les étables & les laisser reposer, & attendre jusqu'à haute brangiere, & après dîner doit aller tard aux champs, & y doit tenir ses brebis jusqu'à une heure de nuit, au mois d'Août, & au suivant on peut laisser les brebis hors des étables, au milieu de la cour ou ailleurs, mais que ce soit en lieu sûre. En Août le Berger doit garder ses brebis qu'elles ne soient enflées de trop manger d'épics, car mort s'en pourroit ensuivre, qui n'y prendroit garde.

Au mois de Septembre.

AU mois de Septembre le Berger doit mener ses brebis aux champs bien matin, & pâturages les doit conduire devant dîner ès terres où il y a du bled, & après dîner ès lieux

lieux où il y a eu avoines, pour assoupir contre le vespre : il doit éviter terres maigres & pierreuses, car lors il croît une herbe que l'on nomme Muguet sauvage, que les brebis mangent volontiers, mais elle leur est nuisible & mal profitable, & est ressemblante au trefle en saille & verdure, mais elle est plus haute & a une fleur jaune par rinceaux & par cette herbe & rinceaux descend une maniere de bilós qui descendent de l'air semblable à fil de coton qui s'attachent à cet herbe de Muguet & y demeurent, & en eux se nourrissent araignées, vermines & ordures envenimées, & pour convoitise de l'herbe les brebis la mangent avec l'ordure, & leur cause une grande maladie que l'on appelle ciregnier, qui les tient en la tête dont les brebis sont envenimées & en péril de mort.

En ce mois par commune ordonnance de nature, les brebis portieres sont luitées des moutons pour propaginer & continuer l'espèce de bêtes à laine par génération selon la bonne disposition du souverain Pasteur & créateur de toutes choses immortelles & mortelles raisonnables animées & inanimées. Si advient par fois qu'aucunes brebis portieres soient luitées en Août, aussi sont elles plus hâtives à faoner devant Février.

Audit mois de Septembre le Berger doit être diligent de la garde de ses moutons saillans qui nuisent les brebis portieres, & ce mois durant doit faire gesir ses moutons & portieres au milieu de la cour ou en autres lieux hors leurs étables, & les visiter souvent.

Du mois d'Octobre.

EN Octobre met le Berger ses brebis le matin aux champs pour pâturer & a égard à la qualité du temps, & au matin les doit tenir coye en nouvelles gâcheries qui leur sont profitables, & après diner les doit mener ès chaumes & ès étules comme en Août, & les tenir ès chaumes jusqu'à une heure de nuit ou environ, & parce qu'en ce temps les bêtes ne sont pas encore refroidies & conservent leur chaleur, & que la chair des bêtes portieres ou moutons n'est pas lors convenable à manger. La saignée dudit mois est défendue & toute médecine à faire à tout Berger, tant aux moutons qu'aux brebis & agneaux, excepté que si aucune étoit dégoûtée ou malade par accident, on lui donnera à manger des feuilles de choux pour prendre son appétit.

Du mois de Novembre.

EN Novembre doit le Berger mener les brebis aux chaumes & étules pour pâturer le regain des herbes qui sont regagnées, car la douceur leur en est profitable. En ce mois est défendue la saignée & médecine, ainsi qu'en Octobre, & si les moutons sont découragés en ce mois, le Berger doit leur donner à manger un peu de sel, & parce qu'en Hyver il pleut plus souvent qu'en autre temps, quand il a plu le Berger mene les brebis ès pâturages près des bois, il doit étouper les sonnettes de ses bêtes, de peur qu'elles ne sonnent ; car les loups ne peuvent endurer la pluie pour les dégoût & ruisseaux des feuilles qui leur tombent ès oreilles & leur font mal, pour ce sortent du bois après la pluie & se repaissent pour agiter les brebis quand ils entendent les sonnettes. Si les doit le Berger etouper pour ôter la noise, & camper loin des bois & contrevents, & être curieux de son bestial pour éviter le dommage.

Du mois de Décembre.

EN Décembre doit aller tard aux champs en pâturage, lors les brebis mangent volontiers une herbe nommée hiebles, mement celles qui sont grosses & empreintes & veulent avoir nouvelle pâture, & sont déjà soules des regains des herbes & des chaumes & quand elles ont goûté des hiébles il n'a guere de danger en la garde. En ce mois de Décembre les bêtes ne viennent point à midi, & on doit les tenir aux champs jusqu'à Soleil couché, & est à noter qu'ainsi que par regle générale est défendu de nettoyer les étables des brebis au mois de Mai, tout ainsi est commandé qu'au mois de Décembre les étables soient nettoyées, & on n'y doit laisser nuls fiens, mais est bon de curer souvent, parce que les fiens sont moult nuisibles au bestial.

Des maladies qui viennent aux brebis, agneaux & autres bêtes à laine, des maladies qu'on dit l'Affilée.

L'Affilée est une maladie qui vient communément aux agneaux, & leur prend lors qu'ils goûtent du lait de brebis qui a de nouveau faonné, lequel lait on nomme Bet, & le premier de la mammelle après qu'elle a faonné de nouveau, comme est fait mention ci-dessus au Chapitre du mois de Février, cette maladie est affilée & mout périlleuse.

Du Poucet.

Il y a une autre maladie que les agneauz prennent quand ils ont plus de quinze jours continués avec leurs meres depuis qu'ils sont nés, cette maladie est appellée Poucet, de cette maladie & dont elle est causée, est dit assez suffisamment au Chapitre du mois de Février, & cette maladie du Poucet est mout périlleuse.

Du Bouchet.

La maladie du Bouchet est semblablement contenue aud. Chap. de Février, & dit le Maître que cette maladie du bouchet vient aux agneaux quand ils tettent leurs meres quand elles viennent des champs sitôt qu'elles sont reposées & réfroidies, & de cette maladie meurent les agneaux souvent si l'on n'y rémèdie.

Du Clavel.

Le Clavel est une maladie qui vient aux brebis & agneaux & aux autres bêtes portant laine, par trop grand excès de mauvaise garde.

De la Rogne.

La Rogne est une maladie qui leur vient aux dos, par la pluie, par morfondure ou autre à cause des froidures.

Du Poacre.

La maladie du Poacre vient aux brebis & bestial par accident de pâturer ès rosées ès terres sablonneuses. Et être poacre est une maladie & maniere de rogne qui prend ès museaux des brebis, & pire & plus nuisible que la rogne du dos.

De la Bouverande.

De la maladie qui vient aux brebis d'une herbe nommée Bouverande, & est parlé au Chapitre du mois de Mars, comment la mauvaise herbe de Bouverande prend à la brebis par le guron de la gorge, & comment les bêtes sont en grand péril.

De la Dauve.

Une maladie qu'on appelle Dauve vient aux brebis de manger une herbe qui semblablement est nommée Dauve, laquelle herbe engendre une maladie dont il a été parlé ci-devant plus à plein au Chapitre du mois de Mars.

De l'Avertin.

Une maladie vient aux agneaux, qui est nommée Avertin, & leur fait par sa chaleur émouvoir le cerveau, dont ils affolent & meurent, & tournent toutefois comme eſt dit au mois de Mars.

De l'Enflure.

De l'Enflure il y a pluſieurs cauſes, dont l'une eſt engendrée au mois de Juillet quand les brebis mangent une herbe nommée Fevrel & a la fleur jaune. L'autre cauſe eſt quand elles mangent trop d'épics au mois d'Août, & en ſont enflées.

Le Ronge.

Une autre maladie que l'on appelle Ronge perdue, leur vient quand elles mangent une herbe nommée Poucet, cela leur ôte le goût de manger.

De l'Yrennier.

La maladie nommée Yrennier eſt engendrée aux brebis au mois de Septembre, quand elles mangent l'herbe que l'on appelle Muguet ſauvage, ſur laquelle herbe deſcend l'Araignée & vermine qui mout les empirent.

Autres Chapitres des Remédes.

Des remédes & cures de ces maladies, prendront reméde contre l'Affilée qui eſt telle quand l'agneau eſt malade de l'Affilée, on lui doit faire allaiter une autre mere que la ſienne par deux ou trois jours, & il guérira.

Reméde du Poucet.

Contre le Poucet il y a peu de reméde hors que d'ôter les agneaux d'avec leurs meres quand ils y ont été quinze jours, ſi comme eſt dit au Chapitre de Février.

Reméde du Bouchet.

Contre la maladie du Bouchet, à tel reméde on doit prendre un bâton de ſaux demi-pied de long & le fendre au bout en croix, & mettre icelui à la gueule de l'agneau, on le doit mettre en lieu où il puiſſe bientôt ſaigner, & lors qu'on ſaigne l'agneau trouve bientôt guériſon.

Le reméde contre le Clavel, tant pour agneaux que pour bête à laine, & icelle eſt nommée Tume autrement Uſe Uratime, ou Hemme bonne, & eſt aſſez commune. On a trouvé en pluſieurs lieux d'icelle herbe, & eſt de telle nature qu'elle ſoit miſe & poſée ſecretement aux étables afin qu'on ne la voie, en révérence & honneur de Saint Jean-Baptiſte, ne doit pas chacun voir ni ſavoir le ſecret & les grands biens qui ſont en l'état de la Bergerie.

Reméde contre la Rogne.

Contre la rogne des moutons ou autres bêtes à laine, on doit faire onguent de vieux oingt de Porc, de vif argent, d'alun de glace & de couperoſe, verd de gris, & mêler tout enſemble avec un peu de farine de ſemence de nêle ou de cendre commune, & confite avec le vieux oint, & de cet onguent on doit roindre la ogne, ſi guériront les bêtes. Et aux agneaux convient ouvrer plus doucement, parce qu'ils ſont plus tendres. Prenez vieux oint, verd de gris & cendre de ſarment, & faute de ſarment prenez du genevre & le broyez tout enſemble pour oindre les agneaux, & guériront, & n'y faut mettre vif argent ni alun de glace, ni couperoſe, car ils ſont trop corroſifs & pourroient faire mourir les agneaux. Et ſi aucun pauvre ménager ne pouvoit faire les choſes deſſuſdites, doit prendre des genevres verds & coupés même par tronçons & les faire bouillir en leſcives de cendres de Dauves, puis commençer tant qu'ils ſoient bien amollis & qu'ils aient attrait la force de la cendre, & vaut à faire onguent pour guérir ladite rogne, tant en bêtes ſurannées qu'agneaux.

Reméde du Poacre.

Pour guérir le Poacre, prenez couperoſe, alun de glace & ſouffre vif, & brûlez tout ensemble, & faites bouillir tout en huile de chenevi & le mettez tout chaud sur la tête Poacreuse au soir quand elles reviendront des champs, car qui les mettroit au matin il ne profiteroit de rien.

Du Signe dn Sagittaire. Chapitre 7.

VOus devez savoir que celui qui est né sous le Sagittaire depuis la mi-Novembre jusqu'à la mi-Décembre, aura bon effet, il aura miséricorde de chacun, ce qu'il verra il l'obtiendra par révélation, il cheminera par lieux inconnus & dangéreux & reviendra avec grand gain, sa fortune croîtra de jour en jour & ne celera pas ce qu'il aura, il aura signes aux mains ou aux pieds, il sera porreux, & à vingt-deux ans aura aucun péril; il passera les mers & gagnera, & vivra 77 ans & huit mois selon nature.

La fille qui sera née en ce temps sera laborieuse, elle aura plusieurs pensées pour noises & ne pourra voir pleurer, elle aura victoire de ses ennemis, elle dépensera beaucoup d'argent par mauvaises compagnies, elle sera appellée Mere des fils, & souffrira plusieurs aquets, elle prendra peine pour avoir les biens de ses parens, elle sera mariée à 14 ans & aura à 18 ans grande joie, & elle souffrira douleurs par envie, & aura 7 ans de joie & vivra 70 ans selon nature. Les jours de Venus & de la Lune seront très-bons, ceux de Mars & Saturne leurs seront mauvais, & tant l'homme que la femme seront inconstans & inestimables en faits, seront de bonne conscience & miséricordieux, meilleurs aux étrangers qu'à eux-mêmes, & aimeront Dieu.

Du Signe du Capricorne. Chapitre 10.

QUi est né dessous le Capricorne depuis la mi-Décembre jusqu'à la mi-Janvier, sera iracond, fornicateur, laborieux, & sera nourri de choses étranges, il aura plusieurs noises, sera gouverneur de quadrupédes, ne sera pas long-tems avec sa femme, il souffrira plusieurs peines & tristesses en sa jeunesse, abandonnera plusieurs biens & richesses, aura grand péril à 16 ans, sera de grand courage & hantera gens honnêtes, il sera riche par femme, sera conducteur de pucelles, & ses freres feront plusieurs espiemens sur lui; il vivra 70 ans & quatre mois selon nature.

La fille qui sera née en ce tems sera honnête & craintive, elle surmontera ses ennemis, elle aura des enfans de trois hommes, fera beaucoup de pélerinages en sa jeunesse, & après aura grands biens, elle aura douleur aux yeux & sera en son meilleur état à trente-un an & vivra 70 ans & quatre mois selon la nature. Les jours de Saturne & mars leur seront très-bons, les jours de sol leurs seront mauvais, & tant l'homme que la femme seront raisonnables & non envieux.

Du signe d'Aquarius. Chapitre 21.

ON troue que celui qui étant au signe d'Aquarius depuis la mi-Janvier jusqu'à la mi-Février, sera aimable & iracond, ne croira pas en vain, on lui donnera argent à 34 ans, il sera en son état, il gagnera où il sera fort malade, & sera blessée de fer & aura peur en l'eau, après il aura bonne fortune & ira en plusieurs lieux étrangers.

La fille née en ce tems sera délicieuse & aura noise pour les enfans, sera en grand péril, en l'âge de 40 ans sera heureuse, elle souffrira dommage de bêtes à quatre pieds, elle vivra 60 ans ſelon nature. Les jours de Venus & la Lune leurs ſeront très bons. Les jours de Mars & de Saturne leurs ſeront très-mauvais, & tant l'homme que la femme ſeront raiſonnables & trop riches

Du ſigne des Poiſſons. Chapitre 12.

QUe celui qui ſera né ſous ce ſigne depuis la mi-Février juſqu'à la mi-Mars, traitera l'art militaire & cheminera beaucoup, ſera fornicateur, mocqueur & convoiteux, dira d'un & fera d'autre. Il trouvera argent & ſe fiera en ſa ſapience & aura bonne fortune, il ſera défenſeur de veuves & orphelins craintif ſur les eaux. Il paſſera de leger les adverſités & vivra 74 ans & cinq mois ſelon nature.

La fille qui naîtra en ce temps ſera délicieuſe, familiere en geſtes, courageuſe & aura douleur aux yeux, ſera dolente par infameté, ſon mari la laiſſera & aura grande peine avec les étrangers, elle n'aura pas ce qui eſt ſien, elle aura douleur d'eſtomac & vivra 70 ans ſelon nature. Les jours de Mars & Saturne leur ſeront mauvais, & tant l'homme que la femmme vivront fidelement.

Fin des Nativités des hommes & des femmes.

Les dix Nations Chrétiennes.

EN ce petit Traité je parlerai de pluſieurs nations Chrétiennes qui ſont diviſées en dix dont je déclarerai ſelon que je trouve du langage françois, comme Bergers parlent dans les champs ſelon la capacité de mon entendement & ſi en cela j'ai erré, il vous plaiſe, Berger, excuſer ma jeuneſſe & corriger les fautes ſi j'ai failli: je me mets à tous amendemens, car en mal fait ne gît qu'amende.

La premiere Nation des Latins.

ENtre la Nation des Latins pour les Supérieurs, c'eſt le Pape & l'Empereur & pluſieurs Rois, ſavoir: le très-chrétien, puiſſant & redouté Roi de France. En Gaules ſont pluſieurs Nobles, Ducs, Comtes, Barons & Sénechaux, c'eſt la Nation la plus floriſſante & redoutée des autres en honneur, force, vaillance & Chevalerie. En la Nation d'Eſpagne ſont les Rois de Caſtille, Portugal & Navarre, & pluſieurs autres petits Royaumes. En la Nation d'Italie, ſont les Rois d'Italie, de Sicile & Naples & pluſieurs Marquis & Comtes comme Veniſe, Florence, Sienne & Gennes. En Allemagne ſous l'Empereur ſont pluſieurs Rois, ſavoir: le Roi d'Angleterre, d'Ecoſſe, d'Hongrie, de Bohême, de Pologne, d'Aſie, de Friſe, de Suiſſe, de Norvege, de Danemarck, de Cracovie, & auſſi pluſieurs Marquis, Ducs & Comtes; & ſont les ſuſdits obéiſſans à l'Egliſe Romaine.

La ſeconde Nation, des Grecs.

HOrace parlant de cette Nation de Grecs, il la plaint pour les vexations qu'elle a eu le tems paſſé. Les Grecs ont le Patriarche de Conſtantinople Archevêque & Abbé aux choſes ſpirituelles & temporelles, Empereurs & Comtes. Ils ſont auſſitenant en petit nombre, pource que les Egyptiens & Turcs ont pris violemment la plus grande partie de la Grece qui n'obéit point à l'Eglise Romaine : Ils ont plusieurs erreurs. Ils sont condamnez par l'Eglise parce qu'ils disent. *Quod Spiritus Sanctus Deo procedet à Filio, & quod non est Purgatorium.*

La troisième Nation est la Terre du Prêtre Jean en Judée.

APrès est le pays d'Inde, dont le Prêtre Jean est Prince & Seigneur, sa puissance est si grande qu'elle excéde toute la Chrétienté. Ce Prêtre a sous lui septante-trois, lesquels lui rendent obéissance & hommage quand ils vont parmi ses pays. Il fait porter devant lui une croix de bois, & quand il veut aller en bataille il en fait porter deux, dont l'une est d'or, & l'autre de pierres précieuses. En cette terre est le corps de Saint Thomas Apôtre de Jesus-Christ.

La quatrième Nation des Jacobites.

MAintenant nous parlerons de la Nation des Jacobites, qui furent dits de Jacques l'Hérétique, Disciple du Patriarche Alexandre. Ces Jacobites ont pris une grande partie de l'Asie à la partie Orientale, & la Terre de Marbre qui est près d'Egypte, & la Terre des Ethiopiens jusqu'aux Indes a plus de vingt Royaumes. Les enfans de ce pays sont circoncis & baptisés d'un fer chaud, car on leur imprime le caractère de la Croix au front & autres parties du corps, comme au bras & en la poitrine, ils se confessent à Dieu seulement & non pas aux Prêtres. En cette Province les Indiens & & Agenoriens disent que J. C. n'a seulement que nature divine. Aucuns parlent le langage Cedde, les autres l'Arabe, & plusieurs qui parlent autre langage selon la diversité des Nations, ils furent condamnés au Concile des Calcidoniens.

La cinquième Nation des Nestoriens.

DE Nestorius hérétique, qui fut de Constantinople a été fait ce nom Nestorius, lequel met en J. C. deux personnes, une divine, l'autre humaine & nie la Vierge Marie être Mere de Dieu, mais il dit Jesus être homme. Les Nestoriens parlent la langue de Caldée & sacrifient le Corps de J. C. de pain levé. Ils habitent en Tartarie & en Judée la grande, ils sont en grand nombre & leur pays tient comme Allemagne & Italie, les Hérétiques furent condamnés au Concile de Phênes, & furent diversés de l'Eglise Romaine, & sont demeurans en leur pertinacité.

La sixième Nation des Maroniens.

RObuste est la Nation des Maroniens, dit d'un hérétique de Notons, ils mettent en J. C. entendement & volonté, ils habitent en Libie en la Province du Phentée & sont en grand nombre, ils usent de dards & fléches, ils ont des cloches, leurs Evêques ont Anneaux, Mittres & Crosses comme les Latins. Ils usent en l'Ecriture divine de lettre Caldaïque, & en l'Ecriture vulgaire de lettre Arabe : Ils ont été sous l'obéissance & servitude de l'Eglise Romaine, leur Patriarche étoit au Concile général de Saint Jean de Latran célébré à Rome sous le Pape Innocent III. mais depuis ſont retournés à l'obéiſſance de l'Egliſe Romaine, & depuis ſont retournés à leurs fauſſes & mauvaiſes opinions au Concile des Calcidoniens.

La ſeptième Nation des Arméniens.

ON dit que cette Nation des Arméniens eſt près d'Antiorche, ils uſent d'un langage en la ſainte Ecriture & à l'Egliſe, comme qui chanteroit en François & s'entendent les hommes & femmes tous. Ils ont leur Primat qu'ils appellent Catholique, auquel ils ont dévotion & révérence, ils jeûnent le Carême & ne mangent pas de poiſſon & ne boivent point de vin, & mangent chair le Samedi.

La huitième Nation des Georgiens.

VOus devez ſavoir que cette Nation eſt dite Georgiens, de S. Gregoire dont ils portent l'Image en bataille, en ont leur Patron, ils ſont à l'Orient. Ce Peuple eſt fort délicieux, demi-Perſiens & demi-Aſſiriens, ils parlent laid & ſot langage, ils ont les Sacremens des Gregeois. Les Prêtres ont leurs couronnes rondes & raſées en la tête, & les Clers non Prêtres les ont carrées, quand ils vont au ſaint Sépulchre de Notre-Seigneur, ils ne payent point de tribut aux Sarraſins. Ils entrent en Jeruſalem leurs Etendards déployés, pource que leſdits Sarraſins les craignent. Les femmes uſent d'armures comme les hommes, & quand ils recrivent au Soudan incontinent ce qu'ils demandent leur eſt octroyé.

La neuvième Nation des Syriens.

J'Ai trouvé que la Nation des Syriens a pris le nom d'une Cité nommée Syrie, qui eſt la plus éminente de toute la Syrie. Ces gens pour la langue vulgaire parlent Sarraſin, & leurs écritures & office de la Meſſe eſt en Grec. Ils ont Evêques & gardent les conſtitutions des Grecs & leurs obéiſſent en toutes choſes : ils ſacrifient du pain levé & ont leurs opinions des Grecs comme les Latins. Il y a des Chrétiens en la terre Sainte qui les ſuivent, & ſont appellés Samaritains, qui furent convertis au temps des Apôtres, mais ils ne ſont pas trop bons Chrétiens.

La dixième Nation des Morabins.

SI ferons fin des Morabins qui étoient beaucoup le temps paſſé en Afrique & en Eſpagne, mais maintenant ils ſont peu. Ils ſont dits Morabins, parce qu'en pluſieurs choſes ils louoient les modes des Chrétiens étant en Arabie, ils uſent du langage latin & font l'office divin & choſes ſacrées, & obéiſſent à l'Egliſe de Rome & aux Prélats des Latins. Ils ſe confeſſent en langage Animontenne ou en Latin. Ils ſont différens des Latins, pource qu'en leurs divins Offices ils ont heures trop longues, & parce que le jour eſt diviſé en vingt-quatre heures de jour & de nuit, & autant ont-ils d'Offices, comme heures, Pſeaumes, Hymnes & toutes autres Oraiſons ſont longues, leſquelles ne diſent pas ſelon la coutume des Latins, car ce que les Latins diſent au commencement, ils le diſent à la fin ou au milieu.

Aucuns diviſent le Saint Sacrement en ſept parties, & les autres en dix : C'eſt une

Nation très-dévote, nuls ne se marient s'ils ne sont natifs de leur terre & pays : les Etrangers ne sont pas reçus en mariage, & quand l'homme perd sa femme par mort jamais ne se remarie, mais vit en chasteté. La cause de cette division entre les Chrétiens fut parce qu'au temps passé les Chrétiens furent contraints & empêchés de ne point célébrer de Concile général, à cette cause se sont élevés aucuns hérétiques en divers lieux, car il n'y avoit personne qui y mît remède.

Les débats des Gens d'Armes & d'une Femme contre un Limaçon.

La Femme de hardi courage.

Vites de ce lieu très-orde bête,
Qui des Vignes le bourgeon manges,
Soit arbres ou soit buissons,
Tu as mangé jusques aux branches,
De ma quenouille, si tu avances,
Te donnerai tel horion
Qu'on l'entendra jusques à Nantes.

Les Gens d'Armes.

Limaçon pour tes grandes cornes,
Le Château ne lairrons d'assaillir,
Et si pouvons te ferons fuir;
Oncque Lombard ne te mangea,
A telle sauce que nous ferons,
Nous te mettrons en un haut plat,
Au poivre noir & aux oignons,
Serre tes cornes nous te prions,
Et nous laisse entrer dedans,
Autrement nous t'assauterons
De nos bâtons qui sont tranchans.

Le Limaçon.

Je suis de terrible façon,
Et si ne suis qu'un Limaçon;
Ma maison porte sur mon dos,
Et si ne suis de chair ni d'os,
J'ai deux cornes sur ma tête,
Comme un bœuf qui est grosse bête:
De ma maison je suis armé,
Et de mes cornes embâtonné,
Si ces Gens d'Armes m'approchent,
Ils auront sur leurs caboches,
Mais je pense en bonne foi
Qu'ils tremblent de grand peur de moi.

FIN.

PERMISSION.

J'Ai lû par ordre de Monseigneur le Chancelier, un Livre intitulé : Le grand Calendrier & Compost des Bergers, *dans lequel je n'ai rien trouvé qui puisse en empêcher l'Impression, en foi dequoi j'ai signé ces présentes. A Paris, le dix Novembre mil sept cent cinq.*

C. MALLEMANS de Sacé.

www.ingramcontent.com/pod-product-compliance
Lightning Source LLC
LaVergne TN
LVHW012010220826
846092LV00001B/302

9782329776903